MW01708662

Sommaire

EN COUVERTURE
Magistrats des douze tribunaux des Enfers du mont Taishan
Époque Ming vers 1600. Rouleau vertical (détail), encre et couleurs sur papier, 210 x 82 cm.
Musée des arts asiatiques Guimet, Paris.

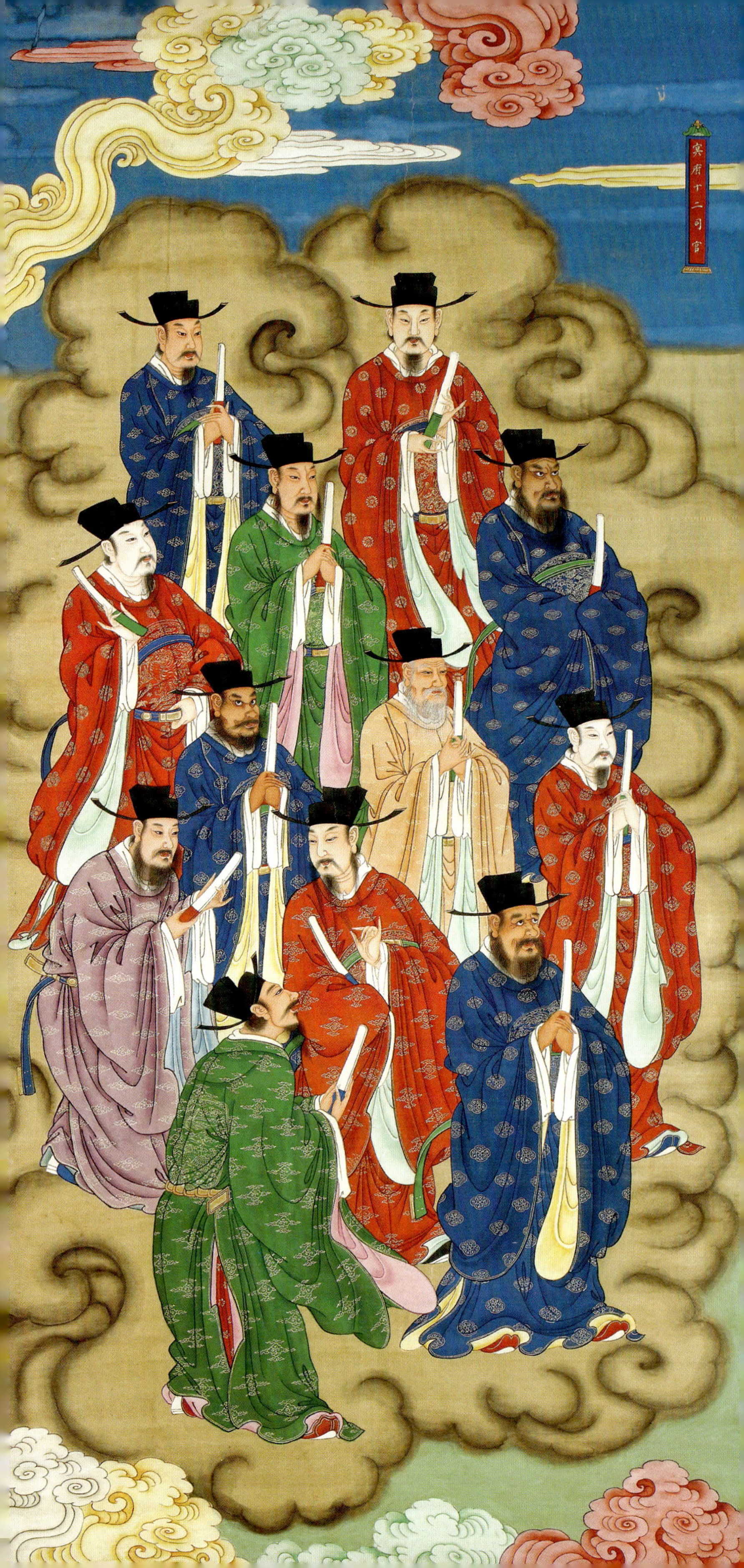
冥府十二司官

La Voie du Tao : un autre chemin de l'être

PAR BÉRÉNICE GEOFFROY-SCHNEITER
Historienne de l'art

« Le dao !
Il ouvre le ciel et porte la terre.
Il s'étend dans les quatre directions
et s'ouvre jusqu'aux huit extrêmes.
Sa hauteur est inaccessible, sa profondeur insondable. »

Ainsi débute l'hymne au « dao » (nouvelle transcription du mot « tao ») dans l'encyclopédie qui lui fut consacrée par le prince de Huainan au IIe siècle avant notre ère. Un texte qui en dit long sur l'énergie véhiculée par cette notion insaisissable qui traverse, telle une joyeuse bourrasque, toute la pensée cosmogonique et spirituelle de la civilisation chinoise. Interrogeant avec subtilité l'influence de ce courant philosophique et religieux sur la création artistique, Jacques Giès, directeur du musée Guimet, et Catherine Delacour, conservatrice au musée Guimet, proposent une relecture stimulante de quelque 250 pièces (statuaire de bronze, rouleaux de peinture, vases, miroirs, calligraphies...) déployées avec faste dans les Galeries nationales du Grand Palais. S'affranchissant de tout parcours chronologique ou technique, le discours prend des allures de chemin spirituel, de quête initiatique. Tel un lettré ou un sage entreprenant la périlleuse ascension d'une montagne, pivot essentiel entre le ciel et la terre, le visiteur se familiarisera peu à peu avec les lois immuables qui régissent l'univers, expérimentera les forces opposées et complémentaires du *yin* et du *yang* issues du souffle primordial, se plongera dans les grands textes fondateurs de Lao zi ou de Zhuang zi, s'initiera aux subtilités d'un panthéon aussi complexe que foisonnant, découvrira les rituels et les pratiques alchimiques des Immortels et admirera des chefs-d'œuvre de la peinture chinoise, comme ces compositions oniriques du grand peintre Shitao peuplées de pics abrupts et de grottes utérines, partitions musicales au cœur desquelles l'œil comme l'esprit vagabondent.

Puissent les lecteurs de ce hors-série goûter l'extraordinaire poésie distillée par ce courant de pensée, l'un des plus subtils qu'ait forgé l'humanité, il y a plus de deux mille ans...

Magistrats des douze tribunaux des Enfers du mont Taishan
Époque Ming vers 1600. Rouleau vertical (détail), encre et couleurs sur papier, 210 x 82 cm.
Musée des arts asiatiques Guimet, Paris.

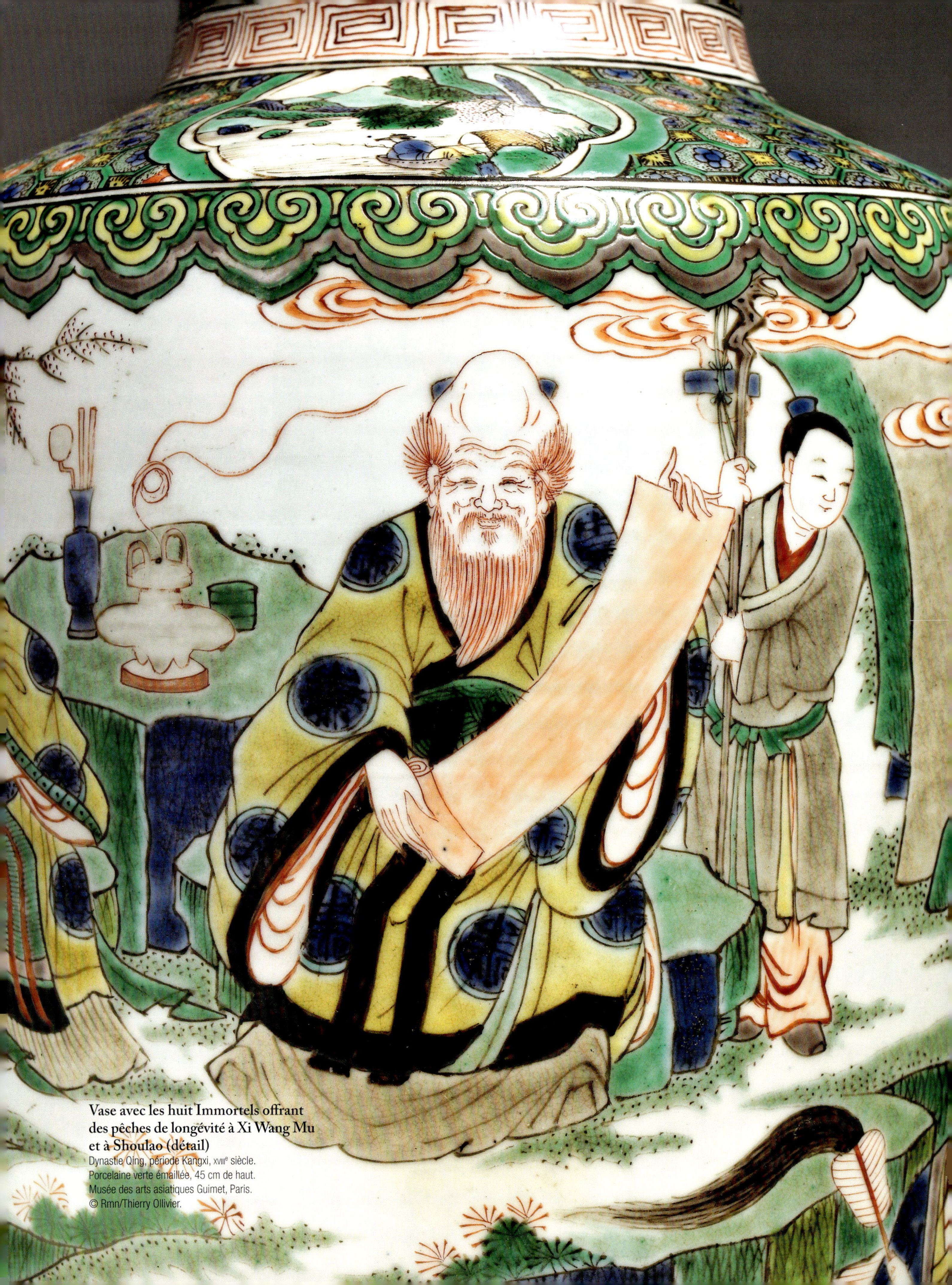

Vase avec les huit Immortels offrant des pêches de longévité à Xi Wang Mu et à Shoulao (détail)
Dynastie Qing, période Kangxi, XVIIIe siècle.
Porcelaine verte émaillée, 45 cm de haut.
Musée des arts asiatiques Guimet, Paris.

ENTRETIEN AVEC CATHERINE DELACOUR, CO-COMMISSAIRE DE L'EXPOSITION

« Une quête spirituelle, entre rêve et mysticisme »

PROPOS RECUEILLIS PAR BÉRÉNICE GEOFFROY-SCHNEITER
Historienne de l'art

Quand est apparu pour la première fois le mot « tao », ou plutôt « dao » selon la nouvelle transcription chinoise ?
La première occurrence est impossible à définir, mais l'on sait que ce fut d'abord un mot commun, employé dans le langage de tous les jours, qui signifiait « la voie », « le chemin ». Avec l'évolution de la pensée cosmologique, le terme a pris peu à peu un sens beaucoup plus large et a servi à connoter des notions d'« école » dès l'époque des Royaumes Combattants, au Ve siècle avant notre ère. Dao se mit alors à désigner « le chemin que l'on suit selon un certain nombre de règles, de normes, de pensées philosophiques et morales ». C'est alors qu'apparaît un certain Lao zi (plus connu sous le nom de Lao Tseu) qui parle de la « Voie » comme d'un principe immanent que l'on ne peut nommer, qui n'est pas, mais dont tout procède…

Qui était ce personnage mystérieux ?
On pense qu'il fut le contemporain de Confucius, même si l'on n'a aucune certitude archéologique ni historique qui confirme son existence réelle. Il vécut probablement à la charnière des VIe et Ve siècles av. J.-C. et rédigea *Le Livre de la Voie et de la Vertu, Daode jing,* aussi connu sous le nom de *Tao Te King.* On le surnommait le « vieil enfant », car la légende prétend qu'il demeura 81 jours dans le sein de sa mère avant de naître avec des cheveux blancs. Une métaphore qui trouve son fondement dans la vénération que les pays asiatiques portent envers les personnes âgées, considérées comme des sages…

Comment le taoïsme va-t-il alors se constituer peu à peu en « religion » ?
Un autre personnage a joué, semble-t-il, un rôle très important : un certain Zhang Daoling, dont l'existence se situe probablement au IIe siècle de notre ère. Lao zi lui serait apparu en 142 apr. J.-C. sur fond de crise morale et spirituelle, d'angoisses métaphysiques. Le vieux maître lui aurait alors enjoint de créer un enseignement et des liturgies propres à sauver les êtres. Ce sera la « Voie des Maîtres célestes ». Deux siècles plus tard, les Barbares font leur apparition sur la scène de l'histoire, occupent le nord de la Chine et poussent les populations à s'installer vers le sud. Or c'est précisément l'époque où le taoïsme des Maîtres célestes rencontre celui du Sud, rencontre qui donnera naissance à deux grandes écoles mêlant harmonieusement ritualisme et quête de longue vie. Dès lors, le taoïsme saura trouver bienveillance et soutien auprès des différents gouvernements…

Quelle place occupe-t-il précisément au sein des multiples courants qui traversent la pensée chinoise ?
Selon Marcel Granet, il y eut un moment où confucianisme et taoïsme étaient très proches l'un de l'autre, mais dès lors que le premier fut élevé au rang de doctrine d'État, il n'en fut plus de même. On a d'ailleurs eu coutume de souligner le pragmatisme des premiers (dont la doctrine est indissociablement liée à l'État et aux relations sociales) par opposition à la philosophie des seconds, plus concernés par les questions spirituelles, dont la quête de l'immortalité. Une appréciation qu'il convient de nuancer, car les taoïstes étaient, eux aussi, impliqués dans les soucis de la vie quotidienne, grands et petits maux, soucis des paysans inquiets pour leurs cultures… Une chose est sûre cependant : ce sont les confucéens qui ont rédigé les annales historiques et ont, de ce fait, volontiers « oublié » ou alors flétri l'image du taoïsme. C'est donc une vision fatalement subjective et tronquée que les Occidentaux ont longtemps eue de ce courant de pensée. Le mot même de « taoïsme » restera associé à celui de superstitions jusqu'aux essais magistraux et visionnaires de Henri Maspero vers

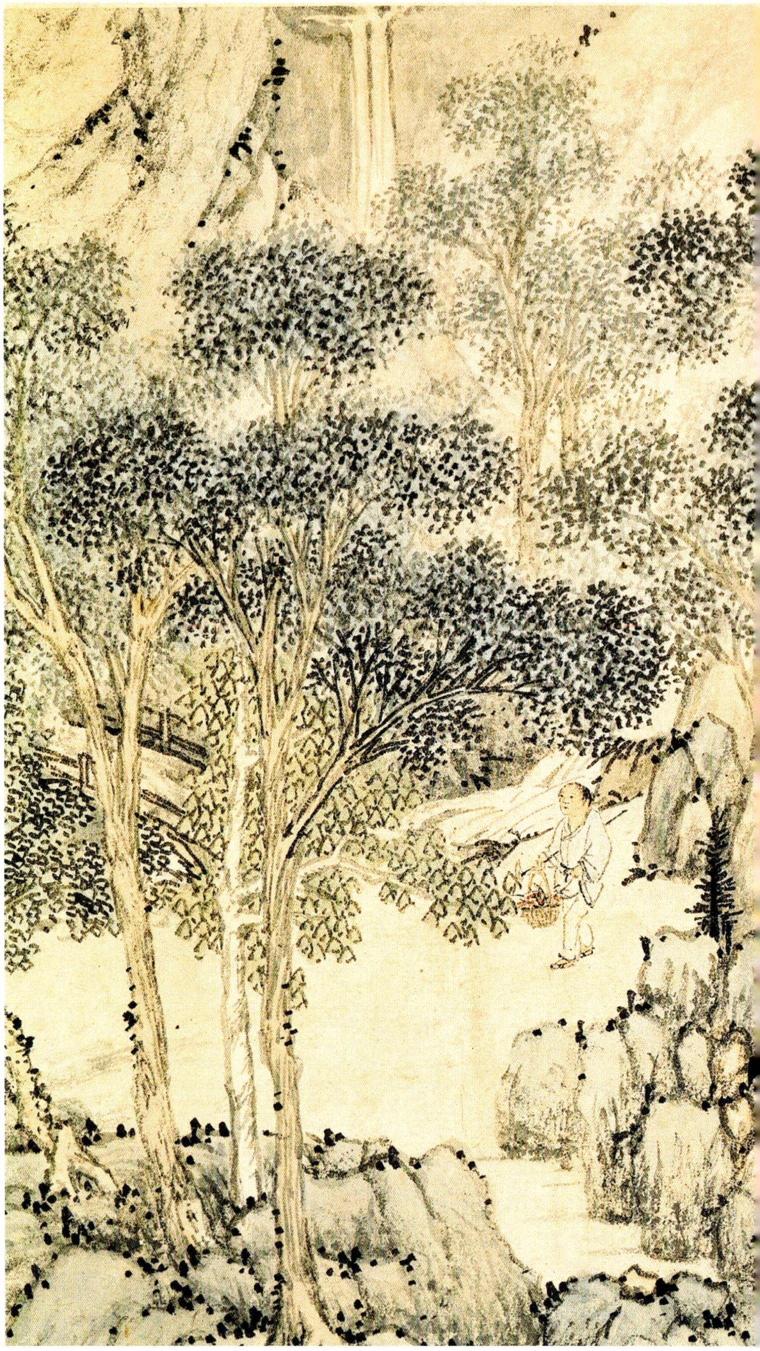

1937. Le bouddhisme, quant à lui, d'origine indienne, restera, malgré tout, une religion étrangère en dépit d'une sinisation originale. En fait, sa philosophie est à l'opposé de celle du taoïsme : les bouddhistes recherchent l'extinction finale, le Vide, le Néant ; les taoïstes prônent, quant à eux, le retour à l'indifférencié, au dao. L'apparente similarité n'est qu'illusion car la finalité est bien différente : aux yeux des bouddhistes, la réincarnation apparaît comme un pis-aller ; chez les taoïstes, le retour à l'indifférencié ouvre sur un autre aspect de l'être riche de tous les possibles. À bien des égards, c'est une vision beaucoup plus optimiste…

Quelle influence le dao exerça-t-il sur l'art ? Engendra-t-il un courant esthétique ?

Originellement, le dao, rappelons-le, n'a pas de forme et ne peut être nommé ; il n'a pas suscité un besoin d'images à vénérer. Ce n'est qu'après la divinisation de Lao zi et afin de rendre la vénération plus aisée que, sur la suggestion d'un Maître Céleste avisé, on commença au ve siècle à façonner de petits ex-voto, stèles ou reliefs. Et, comme les mêmes artistes et artisans créaient les images bouddhistes et taoïstes, dans un premier temps, on ne pouvait faire la différence entre les unes et les autres. Ce n'est qu'un peu plus tard que les Vénérables deviennent identifiables, chacun doté alors d'une iconographie qui lui est propre.

Cela étant, les peintres sont les mêmes dans l'un et l'autre cas et, lorsqu'il s'agit de personnages secondaires, on serait bien en peine de faire la différence. Comment, dans ces conditions, mettre en lumière l'existence d'une esthétique propre au bouddhisme et au taoïsme ?

Mais, hors le domaine de la liturgie, s'il est un art dans lequel l'empreinte du taoïsme est perceptible, c'est bien dans celui de la peinture de paysages. Il convient, à ce propos, de souligner le rôle éminent joué par Zhuang zi (connu aussi sous le nom de Tchouang Tseu), un autre personnage contemporain de Lao zi qui rédigea un traité philosophique sous forme de dialogues et d'anecdotes. Au fil des chapitres, s'esquisse une magnifique définition de la création artistique, même si elle n'est pas mentionnée dans ces termes. Sous la plume du philosophe, l'on apprend ainsi qu'une longue méditation est nécessaire et préalable à tout acte de création, que ce soit dans une chambre pure, ou dans un ermitage, en forêt ou dans la montagne. Que c'est d'abord l'esprit qui meut la main qui tient le pinceau et que, seulement dans ces conditions, à partir de l'unique trait originel qu'il trace, se crée la multitude des formes.

À ce titre, votre exposition offre une relecture inédite de l'art chinois en général, et de la peinture en particulier…

La peinture, rappelons-le, était une activité essentiellement pratiquée par les lettrés. Parmi eux, l'on rencontrait tout aussi bien des confucéens, des bouddhistes que des taoïstes. Mais en ce qui concerne la peinture de paysages, la montagne y

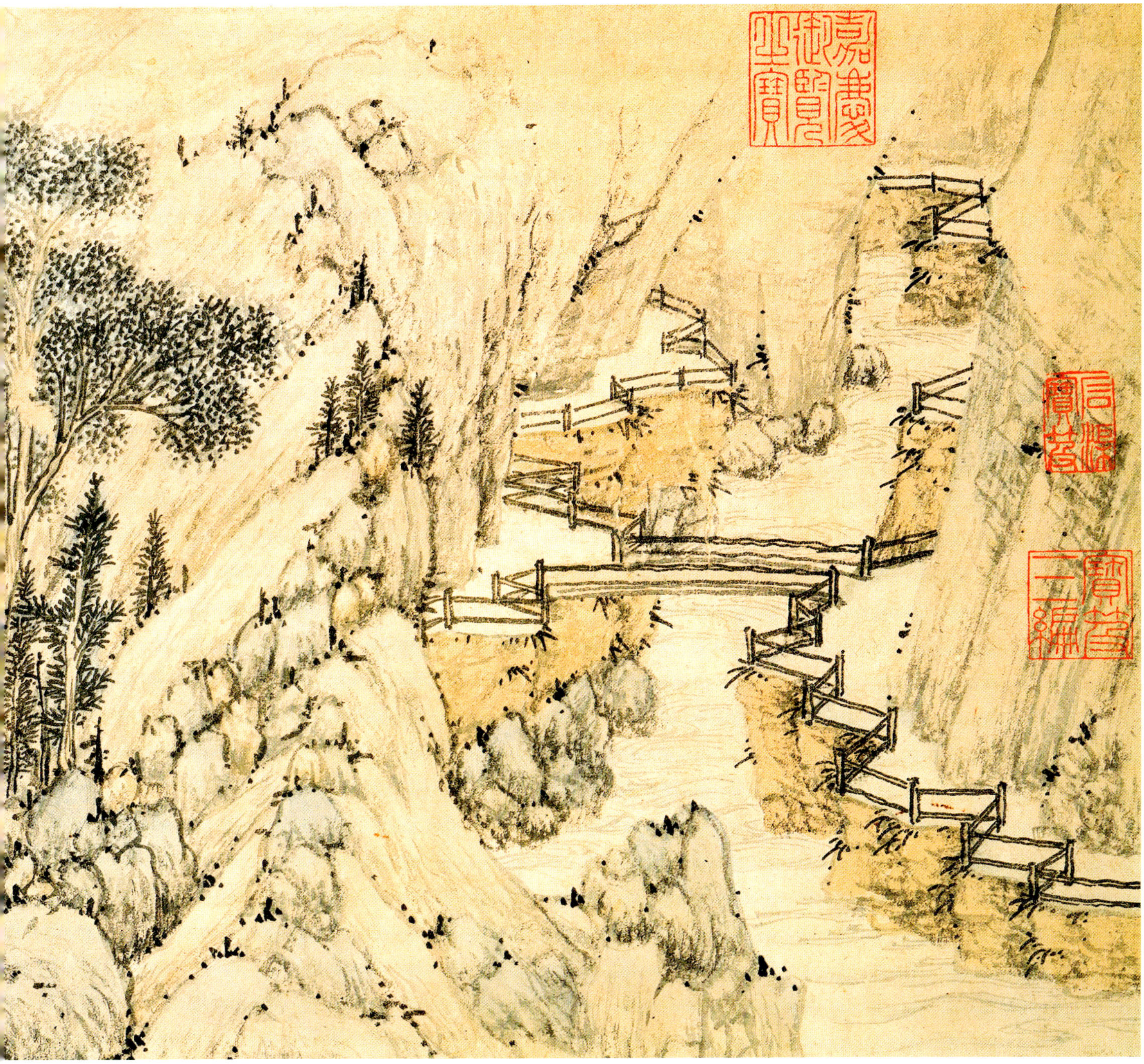

règne souveraine où se concentre depuis toujours l'essentiel de la quête spirituelle du taoïsme, rêve et mysticisme mêlés, magistralement illustrée, entre autres, par le grand peintre Shitao. L'exposition ne se veut pas toutefois une simple réunion de chefs-d'œuvre égrenés en ordre chronologique. Mon propos est davantage de montrer l'omniprésence du taoïsme dans tous les domaines de l'art.

Quel sera précisément le parcours de l'exposition ?

Il s'apparentera à un cheminement, une déambulation à travers les notions qui sous-tendent la pensée chinoise et ont nourri le taoïsme : la cosmogonie et l'ordonnancement de l'univers, l'évocation de Lao zi, le fondateur de la doctrine, l'organisation du panthéon et sa hiérarchie de dieux et d'immortels, la quête de « Longue Vie » et les moyens d'y parvenir (les pharmacopées, la méditation…), et enfin les rites et la liturgie (des pratiques religieuses aux talismans et autres amulettes). En outre, la dimension sonore ne sera pas oubliée. Le visiteur passera ainsi d'une salle à l'autre grâce à une « cloison musicale » diffusant de la musique taoïste…

Wen Boren (1502-1575)
***Aube de printemps à la terrasse de l'élixir* (détail)**
Époque Ming. Rouleau horizontal, encre et couleurs sur papier, 30,1 x 124,8 cm.
Musée national du Palais, Taipei, Taiwan.

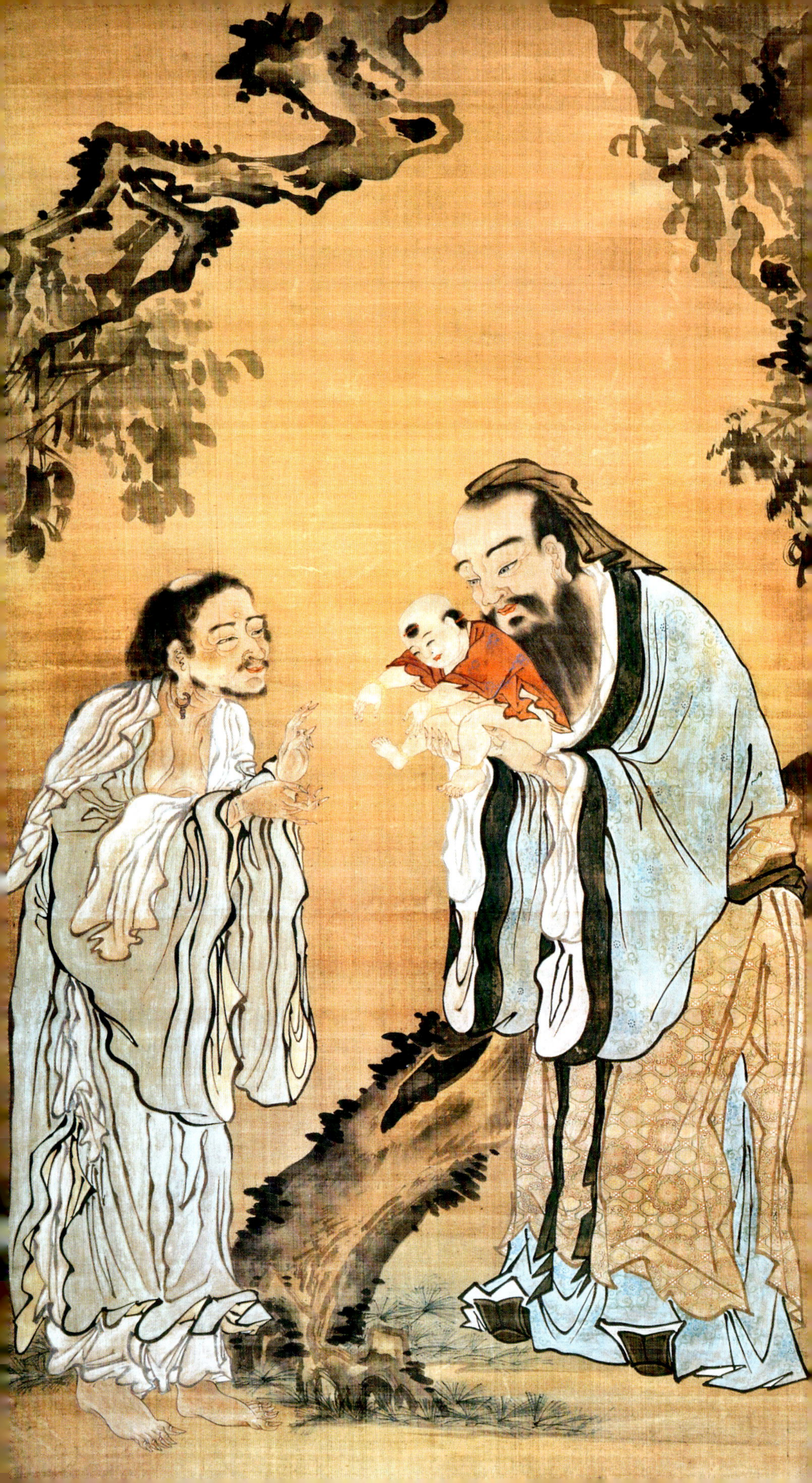

Le taoïsme s'inscrit dans une histoire millénaire

PAR DANIELLE ELISSEEFF
Chercheur émérite à l'École des hautes études en sciences sociales, professeur à l'École du Louvre

Les idées, comme les êtres, existent bien avant qu'on ne puisse les nommer. À l'origine (mais ce mot a-t-il un sens ?) et alors qu'il n'a donc pas encore de nom, le taoïsme est un ensemble polymorphe de concepts, tentant de faire tenir ensemble tous les contraires auxquels les vivants sont confrontés. Le sinologue Duyvendak (1889-1954), qui est l'un des traducteurs du *Daode jing, Le Livre de la Voie et de la Vertu,* et dont les travaux pionniers font encore autorité, en parle comme d'une pensée de la « mutabilité perpétuelle », de l'Être et du Non-Être, tentant de définir le flux de la vie et de la mort qui alternent sans commencement ni fin. Longtemps après leur apparition effective et leur diffusion dans un ensemble de cultures qui, au cours du Ier millénaire avant notre ère, finissent par se rapprocher puis par se fondre en une civilisation commune, c'est au IIe siècle avant notre ère que ces idées, issues de temps très anciens, reçurent une dénomination.

Une philosophie vieille comme l'Empire

Or nommer un phénomène est une idée d'administrateurs : de ces hommes qui mettent alors en place les structures du jeune empire chinois (constitué en 221 avant notre ère par le Premier Empereur, puis réorganisé sous la dynastie des Han, fondée en 206 avant notre ère). C'est donc à ce moment que se répandent des expressions comme *daojia,* « taoïste » ou *daojiao,* « enseignement du dao ». Dans le parler courant, le mot dao désigne une « voie », un « chemin ». Au même moment se fixent aussi, sous une forme désormais reconnue comme classique, deux textes essentiels, *Le Livre de la Voie et de la Vertu, Daode jing* (attribué à Lao zi, maître des rituels à la cour des rois Zhou du VIe siècle avant notre ère, et dit également, de ce fait, le *Lao zi)* et le *Zhuang zi,* du nom d'un penseur de première importance qui vécut dans la seconde moitié du IVe siècle avant notre ère. Le premier texte propose, sous la forme d'aphorismes rimés, des voies conduisant à la perpétuation de la vie, à l'immortalité ; le second dénonce, en revanche, au sein de l'ensemble protéiforme d'une prose incomparablement riche, la vanité de telles pratiques. Ceux qui mettent en forme ces versions jugées définitives d'une sagesse antique sont des bibliothécaires, ainsi que des érudits désormais responsables de la conservation et de l'enseignement du savoir nécessaires à tout

Wang Shugu (1649-après 1733)
Confucius et Lao zi
Dynastie Qing. Peinture sur soie. British Museum, Londres.
© akg-images/Erich Lessing.
De telles peintures ont toujours plusieurs sens : ici, Confucius présentant son fils à Lao zi ; mais certains préfèrent y voir la rencontre entre Bouddha enfant et les deux philosophes chinois, symbole des « trois enseignements ».

« LE CIEL NE COUVRAIT PAS ; LA TERRE NE PORTAIT PAS. ET POURTANT, LUI, ÉTAIT DÉJÀ LÀ : LE TAO PRIMORDIAL, PLUS TÉNU QUE L'INFINIMENT PETIT, PLUS VASTE QUE L'INFINIMENT GRAND.[...] TOUS LES ÊTRES VIVANTS EXISTENT EN LUI ET PAR LUI. IL RÉALISE TOUTE CHOSE. CHACUN LE POSSÈDE, TOUS IGNORENT SON NOM. »

(Lao zi, « Les Quatre Canons de l'Empereur Jaune »)

administrateur impérial compétent. Ils s'efforcent, pour parvenir à leurs fins, de classer le patrimoine littéraire de la période immédiatement antérieure à l'Empire : ce dynamique et terrible temps des Royaumes Combattants (475-221 avant notre ère) qui vit à la fois naître, évoluer et se fixer par le moyen de l'écriture différentes écoles de pensée. Les partisans des unes et des autres allaient d'une cour à l'autre, tentant d'apporter leurs lumières aux chefs de régions. Mais, si leurs discours étaient à la mode et fort prisés, leur mise en pratique n'allait pas toujours de soi : chacun connaît la vie pérégrine de Confucius (551-479 avant notre ère) qui ne put jamais se faire écouter durablement et, encore moins, peser sur les décisions de princes imposant leurs volontés encore et toujours par la force.

Il semble que les penseurs regroupés beaucoup plus tard sous l'étiquette du dao firent, pour leur part, preuve d'une sagesse moins utopique : ils cherchaient une forme de travail à long terme sur l'être beaucoup plus que l'influence politique et sociale immédiate. C'est du moins ce que suggère la légende (fondée sur un fait réel ?) selon laquelle le jeune Confucius vint un jour demander très solennellement conseil au vieux Lao zi. On dit que Confucius s'en retourna, muni peut-être de quelques connaissances nouvelles, mais sous les sarcasmes du grand homme qui avait perdu toute illusion sur la capacité des puissants à s'amender et ne croyait plus à l'utilité des rituels. Pour trouver les premières biographies des maîtres anciens du taoïsme (Lao zi, Zhuang zi), il faut remonter aux dynasties Han et aux célèbres *Mémoires historiques (Shiji)* de l'historien Sima Qian (145-86 avant notre ère), le créateur des *Histoires dynastiques* chinoises. C'est aussi à ce moment que les empereurs Wendi (qui régna de 202-157 av. J.-C.) et Jingdi (qui régna de 157 à 141 av. J.-C.) imaginent d'intégrer leur dynastie à l'espace cosmique en la rattachant tant à un souverain mythique, l'Empereur Jaune, Huangdi, qu'à Lao zi. On nomme « Huang Lao » ce courant qui représente le volet politique du taoïsme.

Les écoles taoïstes face au pouvoir central

Plus tard, dès la dernière période des Han (au IIe siècle de notre ère), le développement du bouddhisme contribue à dynamiser l'évolution de la pensée en général et du taoïsme en particulier. Puis, au fil des siècles et alors que la Chine vit une période complexe d'éclatement politique (IIIe-VIe siècles), les aristocraties régionales, notamment dans le sud du pays, se tournent avec passion vers l'« étude du mystère » *(xuanxue)* de la vie. Ils débattent avec subtilité au sein de « causeries pures » *(qingtan)* des rapports entre la « réalité », ce qui existe *(you)* et ce qui « n'existe pas » *(wu)*, l'un ne pouvant exister sans l'autre. Au sein de ces joutes s'affrontent des arguments très divers, rattachés tantôt au taoïsme, tantôt au

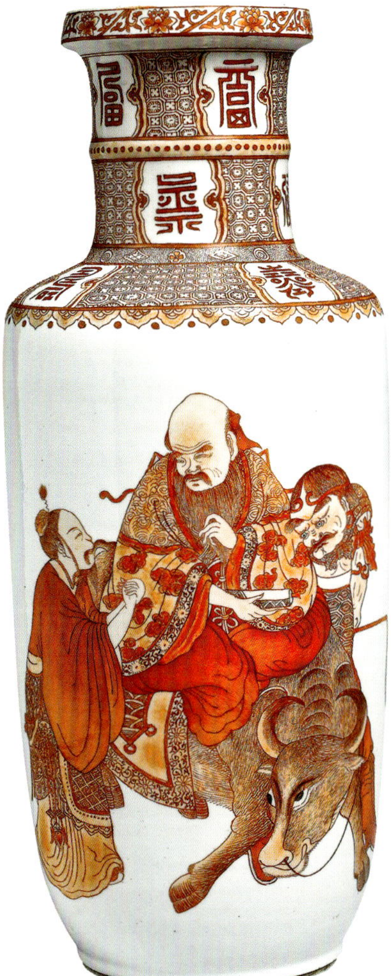

Figure de Lao zi sur son buffle, bouvier et Yin Xi le gardien
Dynastie Qing, période Daoguang (1821-1851).
Porcelaine à émail rouge, 44, 5 cm de haut.
Musée des arts asiatiques Guimet, Paris.
© Rmn/Thierry Ollivier/Presse.

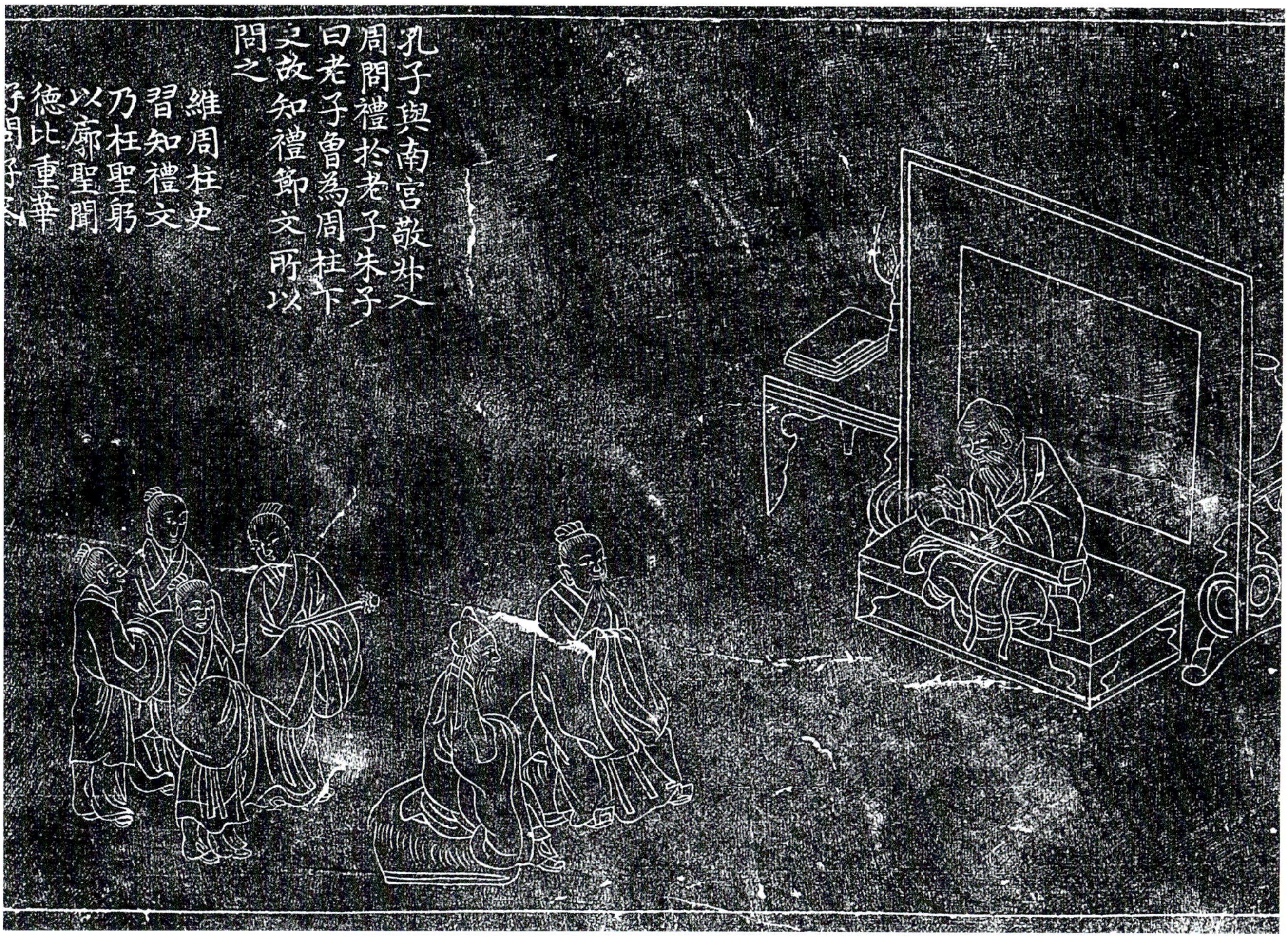

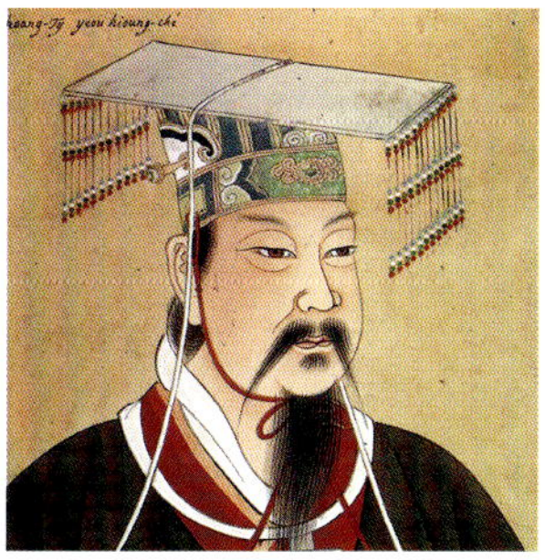

CI-DESSUS

Portrait imaginaire du Premier empereur, (règne 221-210 av. J.-C.)

1685. Peinture. BnF, Paris. © Raffael/Leemage.

Le personnage arbore le *mianliu* : cette coiffe, équivalent d'une couronne, signale la fonction suprême de ceux qui la portent, qu'ils soient des hommes ou des divinités.

EN HAUT DE LA PAGE

Confucius et Nangong viennent à Zhou s'informer des rites auprès de Lao zi

Histoire illustrée de Confucius, *Kongzi shengji tu* (détail). Musée des arts asiatiques Guimet, Paris, © RMN/Thierry Ollivier.

bouddhisme, ainsi que des principes moraux que partage aussi le confucianisme : ainsi se posent peu à peu les bases d'une philosophie syncrétique, celle des « trois enseignements », *Sanjiao.* Sous les Song (960-1279), elle devient matière d'enseignement lorsque Zhu Xi (1130-1200) en réalise une synthèse pédagogique de première importance : celle-ci forgera des générations de lettrés et dictera des règles de bonne conduite en société jusqu'à la fin de l'Empire.

Mais c'est au cours de ce fécond Ier millénaire que naissent les innombrables écoles taoïstes à partir desquelles Lu Xiujing (406-477) compile le premier « Canon taoïste » (le *Daozang*). Ce dernier obtient peu à peu une grande reconnaissance, à telle enseigne que le fondateur de la dynastie des Tang, Li Yuan (qui régna de 618 à 626 sous le nom de Gaozu), ordonne de l'enseigner dans tout l'Empire. Un demi-millénaire passe encore et voici que les souverains de la dynastie des Song (960-1279) font, à leur tour, rassembler plusieurs ensembles de textes relevant de la pensée du dao. Khubilai (1215-1294), cependant, en décide la destruction (1281). Bouddhiste fervent lui-même et pratiquant le tantrisme que son peuple a découvert auprès des Tibétains, il se méfie des idées révolutionnaires que pourrait inspirer un ensemble de doctrines, par définition, tournées vers l'épanouissement personnel et toujours rebelles à toute forme d'intégration dans un cadre social imposé et jugé aliénant. D'une dynastie à l'autre, tous les gouvernements ont

partagé et exprimé cette même défiance à l'égard des formes religieuses (fussent-elles taoïstes, bouddhistes, islamiques ou chrétiennes) qui risquaient de pousser leurs adeptes à remettre en cause les décisions de l'Administration. Il y eut donc plus d'une proscription que lançaient généralement les milieux lettrés à la Cour. Et c'est la crainte de cette capacité de rébellion contre l'ordre bien-pensant qui conduisit aussi, dans un passé récent, les maîtres de la République populaire à déclarer illégales, malgré la fondation en 1957 de l'Association taoïste chinoise, certaines branches jugées dangereuses. Quelques années plus tard, la Révolution culturelle (1966-1976) ne fit qu'aggraver douloureusement ce traumatisme.
Il fallut attendre 1984 pour qu'un enseignement taoïste reprît au Baiyunguan, le temple des Nuages Blancs, près de Pékin. Depuis, rien ne peut entraver le succès de deux grands courants rencontrant les sensibilités multiples de couches sociales très diverses : l'un, le courant *Zhengyi* (« Vérité et unité »), issu des écoles méridionales, attribue une grande importance aux talismans ainsi qu'aux rituels ; l'autre, le courant *Quanzhen* (« la Parfaite Complétude »), de loin le plus puissant et le mieux perçu par les autorités, met l'accent sur la vie monastique et l'ascèse.

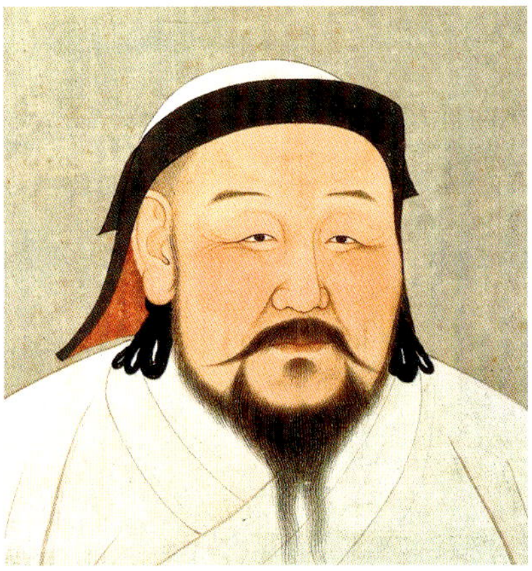

Khubilai Khan, empereur mongol (reg. 1279-1294)
1350. Album de huit portraits d'empereurs de la dynastie Yuan, encre et couleurs sur soie, 74 x 116 cm. Musée national du Palais, Taipei, Taiwan. © akg-images.

Quand l'Occident découvrit le taoïsme

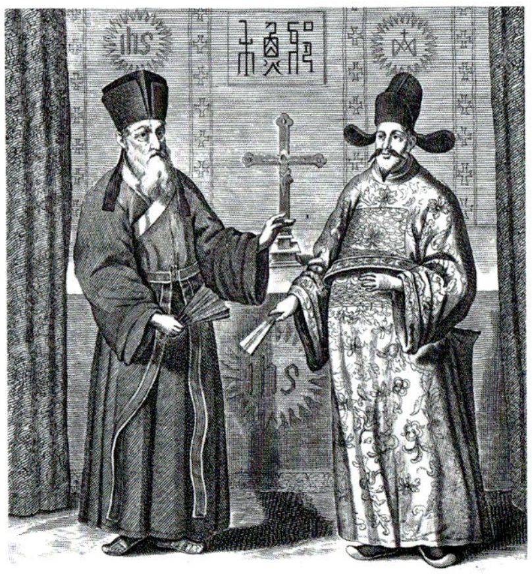

Matteo Ricci, missionnaire jésuite italien, fondateur de la mission catholique en Chine, représenté ici avec Paul Ly, converti.
Gravure extraite de *La Chine illustrée* par le père Athanase Kircher (1602-1680), Amsterdam 1607. Coll. BnF, Paris. © Rue des Archives/Tal.

Ce que les Occidentaux savent de la Chine, ils le doivent, du XVIe au XIXe siècles, aux missionnaires jésuites, notamment au père Matteo Ricci (né en 1551). Il fut le premier d'entre eux à pouvoir vivre à Pékin où il mourut en 1610 (on célèbre cette année le quatrième centenaire de sa disparition). Confronté à la nécessité d'apprendre le chinois et de se doter d'une solide culture afin de pouvoir créer des liens avec les lettrés, c'est tout naturellement à travers l'étude des classiques confucéens que Matteo Ricci se forme à la langue ; tout naturellement aussi qu'il partage les préjugés des fonctionnaires chinois ; or ces derniers, bien que très pénétrés de pensée taoïste lorsqu'ils parlent d'art et de philosophie, se montrent très critiques à l'égard de certaines pratiques alchimiques et magiques propres aux dévotions populaires. Sous cet aspect, le taoïsme tend ainsi à devenir, aux yeux des prêtres occidentaux, une forme de « diablerie » relevant de la superstition, voire de la sorcellerie. Plus grave encore : il l'est parfois aussi pour les administrateurs impériaux lorsqu'il favorise, comme le font aussi nombre de mouvements bouddhiques, les espoirs et les violences que portent et véhiculent les révoltes paysannes. Suspect aux yeux des fonctionnaires chinois, diabolisé dans l'esprit des prédicateurs chrétiens occidentaux, le taoïsme n'a pourtant jamais disparu. Il s'est réfugié au plus profond des consciences d'où il émerge aujourd'hui, peut-être plus chargé de vitalité que jamais.

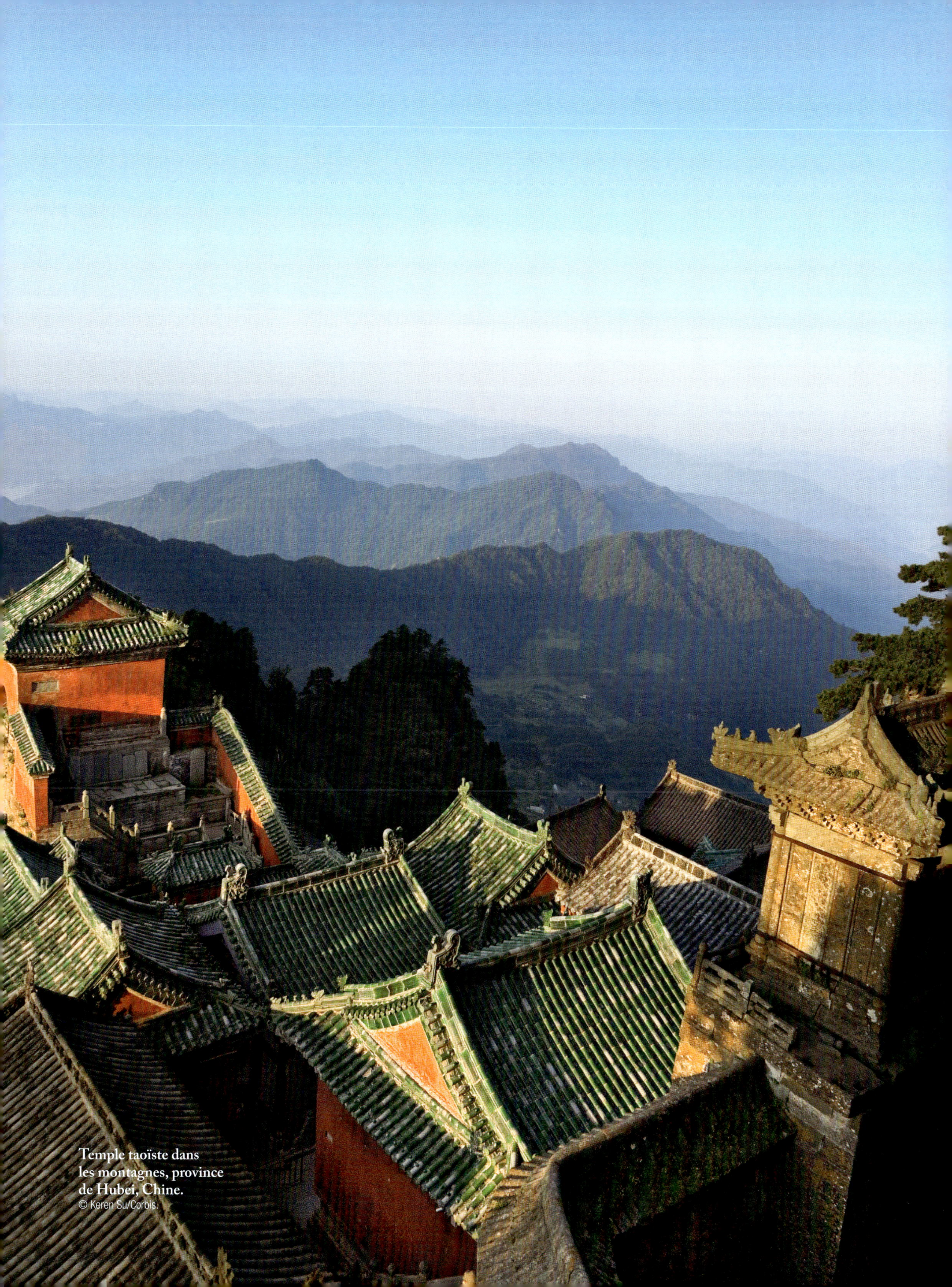

Temple taoïste dans les montagnes, province de Hubei, Chine.

UNE MANIÈRE DE PENSER L'UNIVERS

PAR BÉRÉNICE GEOFFROY-SCHNEITER

Au cœur du dao, se trouve la notion selon laquelle l'humanité doit suivre la Voie, être en parfaite harmonie avec elle, les hommes n'étant eux-mêmes qu'une infime partie d'un ensemble plus grand et plus vaste qui leur échappe. On est ici aux antipodes de la vision occidentale qui, tout en posant l'existence d'un Dieu tout-puissant, fait de l'homme une créature façonnée à son image. Développée dans les textes mystiques et spéculatifs, la conception chinoise, et surtout taoïste, s'appuie ainsi sur des pratiques très anciennes, telles l'astrologie et la science calendaire. L'observation du ciel permet ainsi de comprendre le fonctionnement de l'univers, de maîtriser son corps comme de réguler la société. Remontant à l'époque Shang (1523-1028 av. J.-C.), l'art de diviser le temps a été institué, quant à lui, pour que la vie humaine soit guidée et réglée par le Ciel. Sciences et religion ne font donc qu'un, de même qu'il n'existe aucun antagonisme entre un ici-bas terrestre et un Ciel qui seraient de natures différentes. Astres et êtres vivants partagent les mêmes lois, naturelles et morales. Inscrite au cœur de l'art et des rituels, cette vision du monde ne saurait se comprendre sans l'importance accordée au souffle vital, le *qi*, d'où sont issues ces deux énergies cosmiques complémentaires, le *yin* et le *yang*.

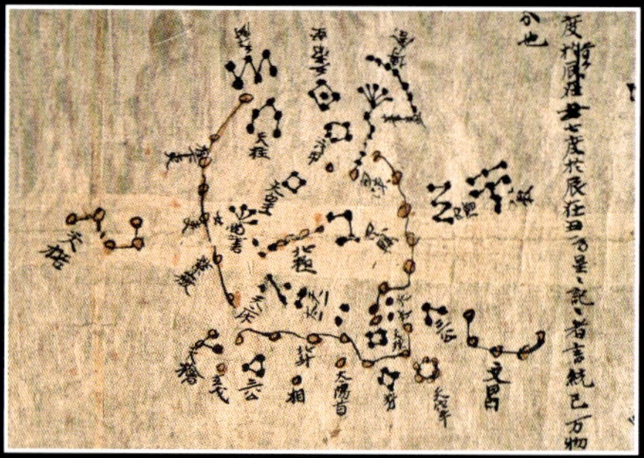

^ **Carte du ciel (détail)**

Dynastie Tang, début du VIIIe siècle. Encre et couleurs sur papier, 24,5 x 340 cm. British Library, Londres.

Loin d'être une science marginale, l'observation des astres intervient dans toutes les sphères de la société. Fils du Ciel, l'Empereur consulte régulièrement des astronomes avant de prendre ses décisions. La Grande Ourse est la constellation la plus importante de la cosmologie taoïste, car elle régit le destin de chaque individu.

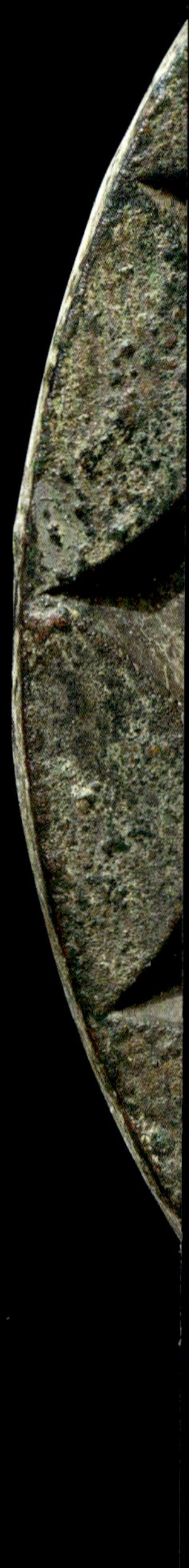

Miroir, voûte céleste >

IIe siècle av. J.-C., dynastie Han. Bronze, 15,5 cm de diamètre. Musée des arts asiatiques Guimet, Paris.

Les miroirs en bronze n'étaient pas que des objets de luxe. Leur forme ronde symbolisait la voûte céleste. Découverts dans les tombes, ils accompagnaient le défunt dans son voyage dans l'au-delà.

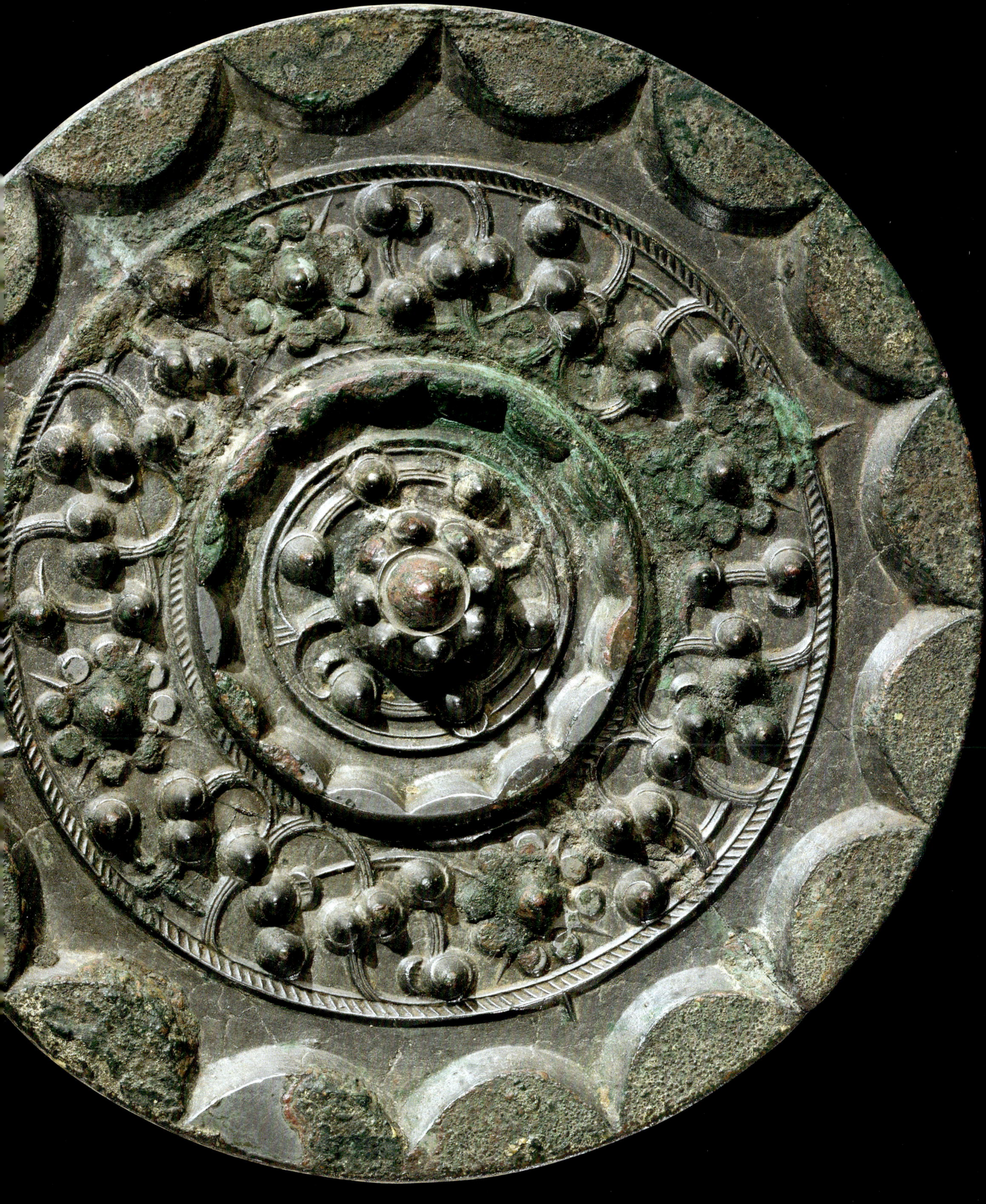

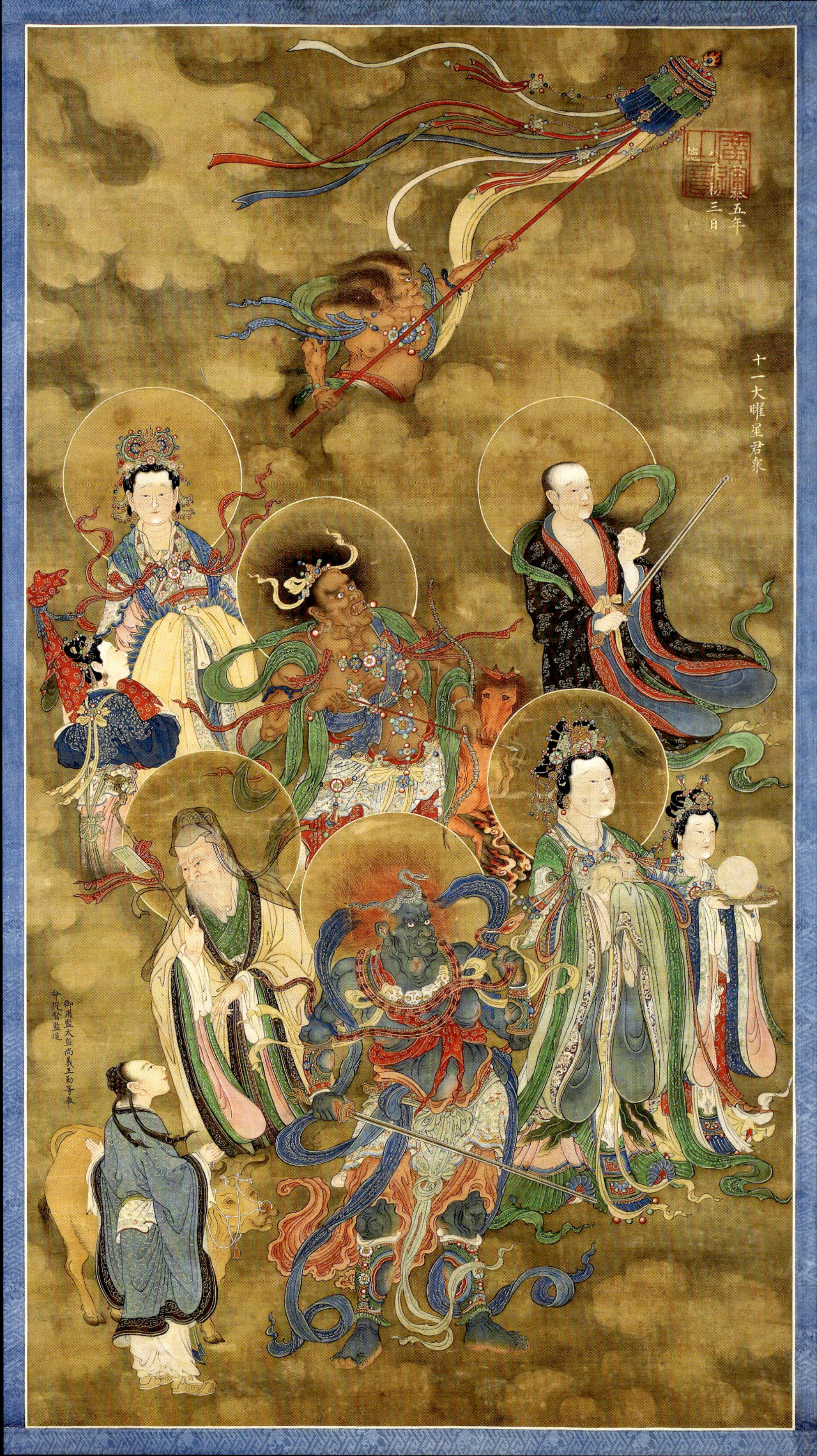

Les Régents des onze luminaires, rite du jeûne de la terre et de l'eau

Dynastie Ming, 1454. Rouleaux verticaux, encre, or et couleurs sur soie, deux peintures de 141 x 80 cm chacune. Musée des arts asiatiques Guimet, Paris. © Rmn/Thierry Ollivier/Presse.

L'anthropomorphisation des étoiles et des constellations est née vers l'époque des Tang (618-907 de notre ère), grâce aux contacts que la Chine noua avec le monde indien et les populations d'Asie centrale. Sur ce très beau diptyque, le Soleil et la Lune sont représentés sous les traits de l'Empereur et de l'Impératrice. Ils sont tous deux assistés d'une petite servante portant, chacune, un globe, rouge pour l'astre solaire, blanc pour l'astre lunaire. Parmi la foule de ces figurants célestes identifiables à leurs attributs, on reconnaît, sur le panneau de gauche, la planète Vénus qui a épousé la silhouette d'une élégante jeune femme, accompagnée d'une suivante portant une cithare enveloppée dans de la soie. Au-delà de leur symbolisme cosmique, ces peintures trahissent le degré de raffinement atteint par les peintres chinois de cette époque, nourris d'influences perses et indiennes. Elles étaient suspendues autour de l'aire sacrée lors des grands offices pour le Salut Universel.

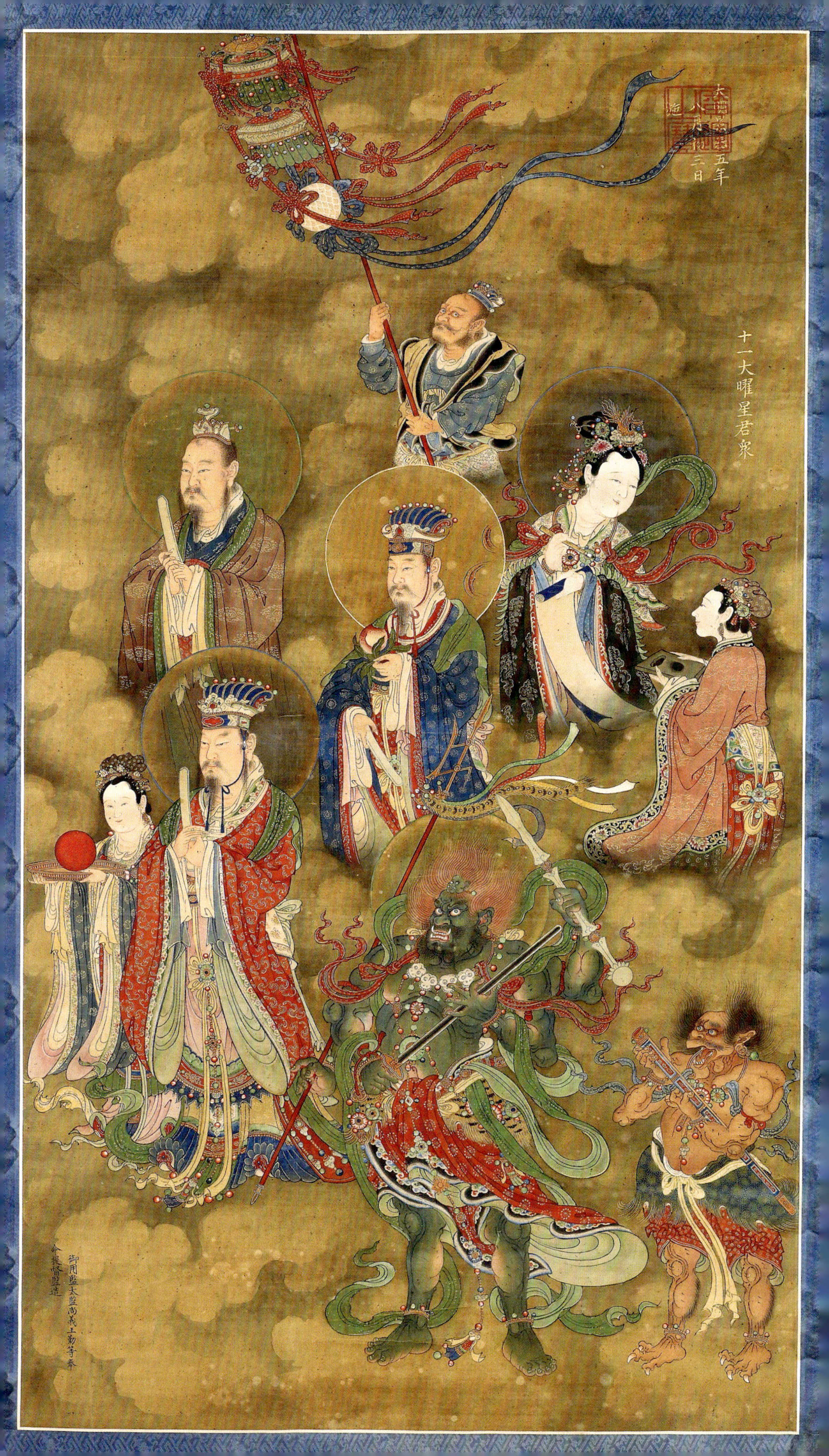

十一大曜星君衆
御用監太監尚義王勤等奉
命提督監造

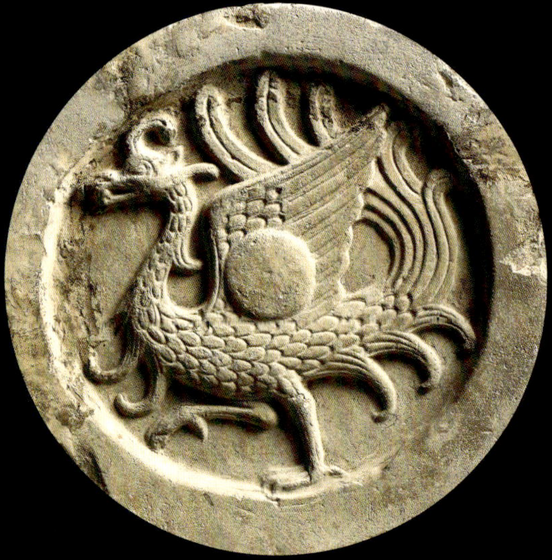

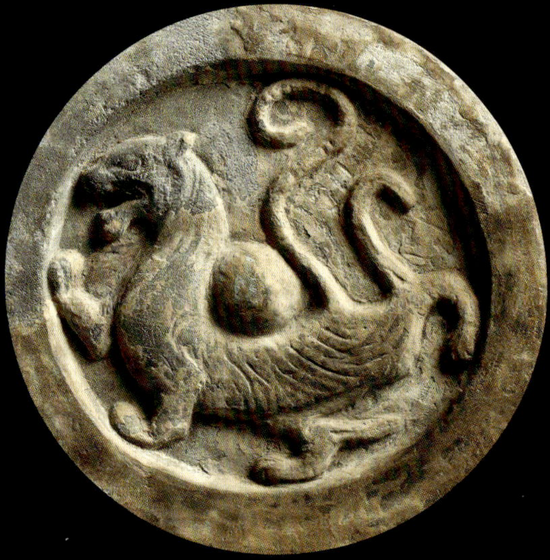

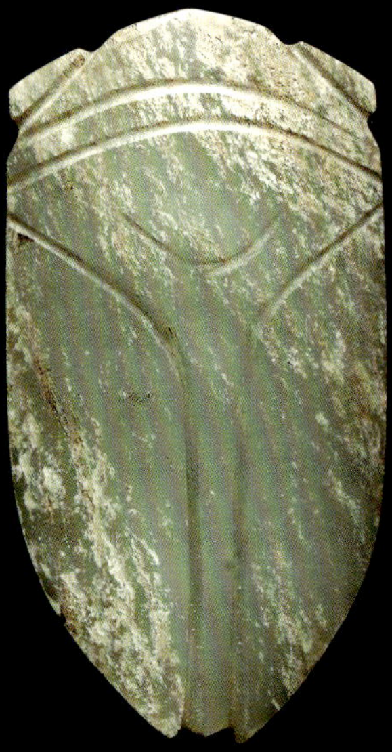

^ Obturateur à « qi »

Dynastie Han (206 av. J.-C.-220 ap. J.-C.). Jade, 6 x 3,5 cm.
Musée des arts asiatiques Guimet, Paris. © RMN/Thierry Ollivier.

Matière précieuse par excellence en raison de sa dureté, de son toucher et de sa sonorité, le jade était utilisé pour le monde des vivants comme pour celui des morts. Épousant la forme d'une cigale, les obturateurs étaient destinés à combler les orifices naturels du défunt afin d'empêcher le souffle *qi* de s'échapper.

^ Embouts de tuile à l'image des animaux des orients

Dynastie des Han (206 avant J.-C.-220 après J.-C.).
Terre cuite, diamètre de 19 cm. Musée des arts asiatiques Guimet, Paris. © RMN/Thierry Ollivier.

Miroir polylobe >

Époque Tang. Bronze, 22, 5 cm de diamètre.
The Cleveland Museum of Art.

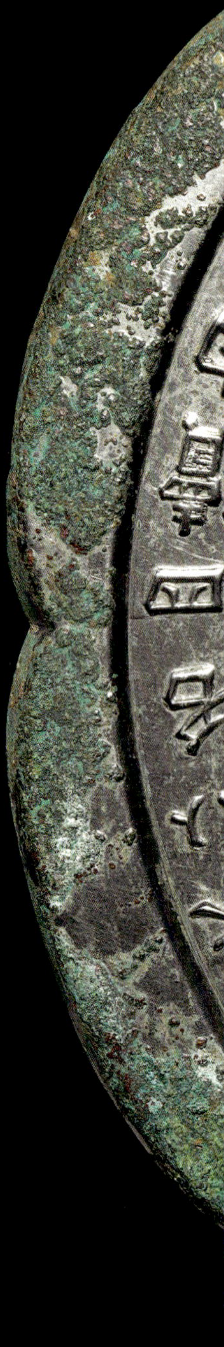

Selon la conception chinoise, l'univers est régi par un système de correspondances où les êtres et les choses se répondent par des catégories. Il est donc essentiel pour l'homme – qui est lui-même un microcosme – de savoir s'orienter. Sur la face du miroir (voir à droite) comme sur ces embouts de brique (voir ci-dessus), sont représentés des animaux incarnant des orients. L'Est est associé à un dragon vert, symblole de renaissance. L'Ouest est incarné par un tigre blanc, lié à la mort et à l'eau. Le Sud est symbolisé par un oiseau vermillon, lié à la chaleur et au feu. Enfin, le Nord combine la représentation d'une tortue et celle d'un serpent… Sur ce très beau miroir d'époque Tang, on reconnaît, en haut, la figuration ronde du ciel et, en bas, la terre sous la forme d'un carré (associée au symbole des cinq pics et des quatre mers).

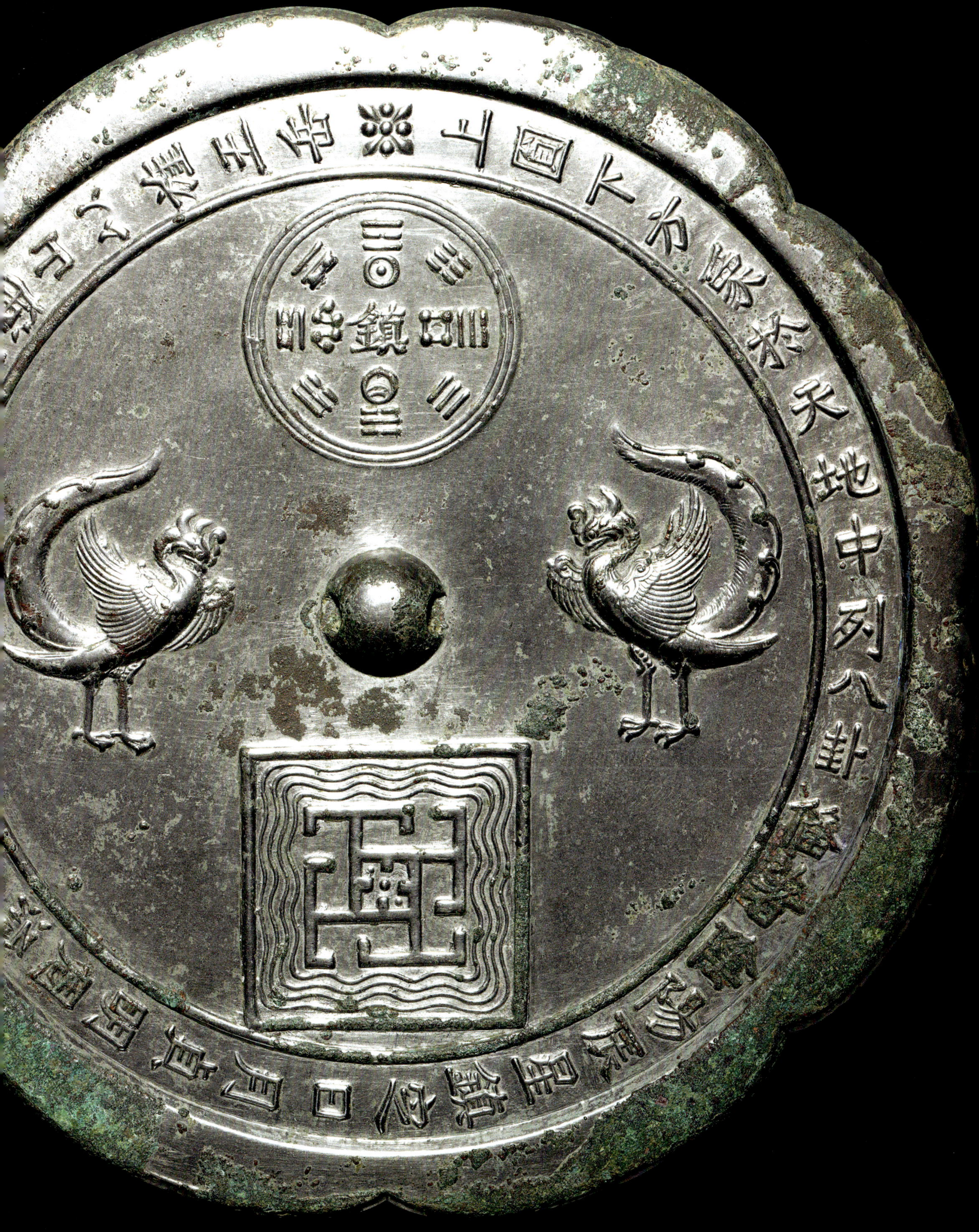

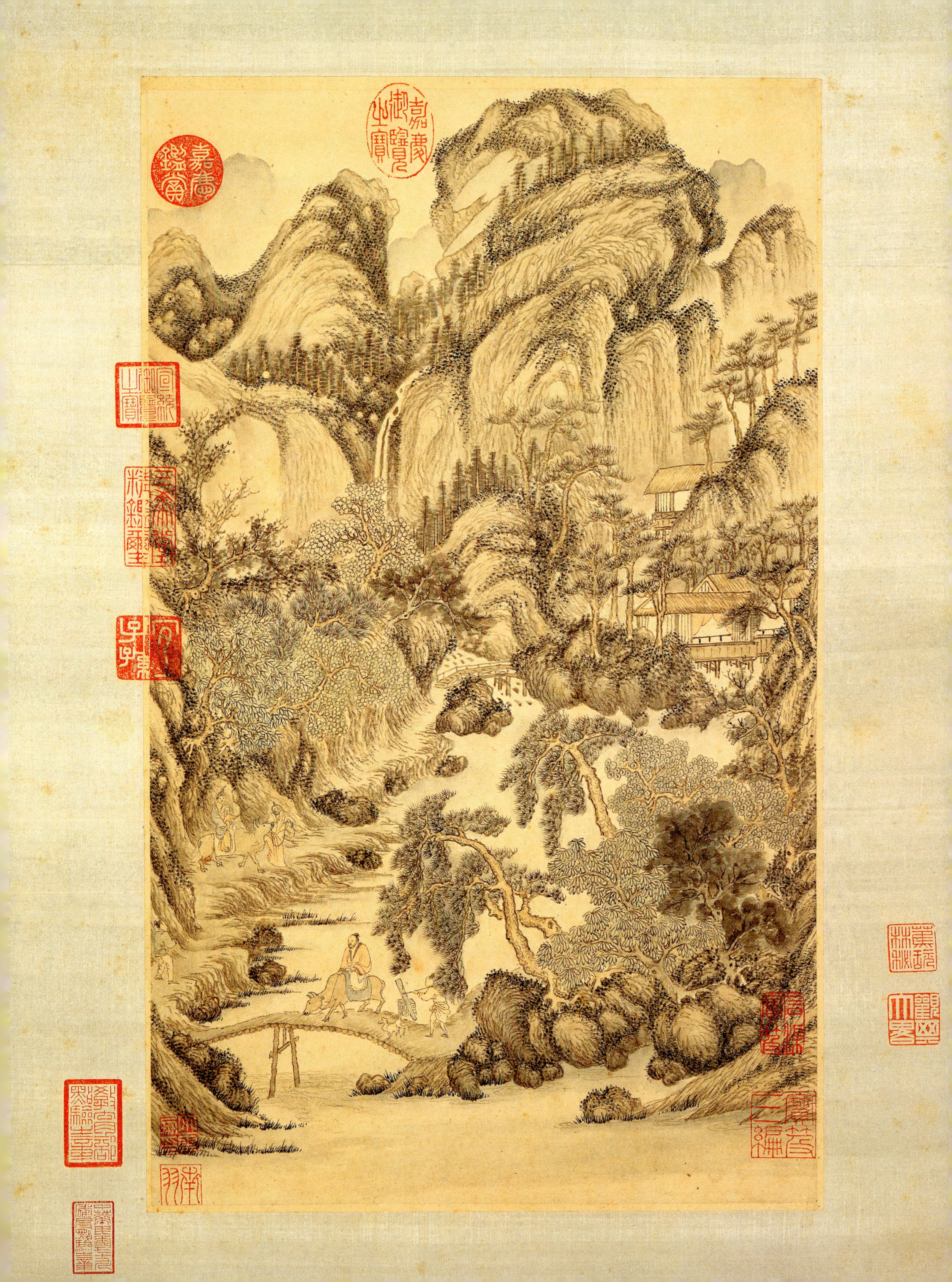

Penser la Voie, le mystère et le souffle vital

PAR RÉMI MATHIEU
Directeur de recherche au CNRS

La doctrine taoïste constitue l'un des trois enseignements majeurs qu'a connus la Chine au cours de sa longue histoire. Le premier système de pensée est proposé au ve siècle av. J.-C. par Confucius et le dernier par les bouddhistes au Ier siècle de notre ère. Le taoïsme est à la fois une philosophie et une religion ; il le doit à ses deux origines : l'une est spéculative, l'autre liée aux pratiques magico-religieuses rattachées au chamanisme.

La doctrine naît aux environs du IVe siècle av. J.-C., grâce à Lao zi, dont l'existence historique est contestée. Elle eut après lui, pour maîtres, Lie zi, et surtout Zhuang zi. L'œuvre fondatrice porte alors le nom de cet auteur supposé, le *Lao zi.* Il y développe des propositions iconoclastes qui formeront avec celles de ses proches et lointains disciples, un système assez cohérent qu'on qualifiera, au début de l'Empire, époque classificatoire par excellence, de «taoïste», *(daojia,* «école de la Voie»). Il y remet en cause, les valeurs proclamées par Confucius, lesquelles s'appuient, pour les réactualiser dans une pensée humaniste neuve, sur celles que partageaient les anciens Chinois, illustrées dans les ouvrages appelés, plus tard, «Classiques». En dehors de cette posture, Lao zi propose une révolution intellectuelle : elle consiste à se tenir au plus près du dao qui régit les êtres, le cosmos et la terre. Cette immersion dans le dao global passe par un respect de la nature conférée par le Ciel, instrument du dao, au détriment des conventions sociales (rites, renom, convenances, morale) qui cimentent la société chinoise. Il s'agira de ne pas intervenir dans un processus qui s'inscrirait en ce cadre (politique, social, individuel) : c'est ce qu'on appelle le « non-agir ». Lao zi, puis Zhuang zi, rêvent d'un société, disons an-archique, dans laquelle il n'y aurait point de prince, mais où l'autorégulation du peuple, débarrassé de ses maîtres, suffirait à assurer ses besoins, sans vaine recherche de luxe. Au plan individuel, les pères du système taoïste sont partisans d'une stricte observance des potentialités naturelles ; c'est cette acceptation des qualités natives qui assurera la longévité, et non les pratiques de « longue vie » qui, grâce à diverses drogues, pourraient procurer une illusoire immortalité. Ces premiers auteurs vouent une forme de culte intellectuel à la spontanéité mentale et corporelle, au détriment de la réflexion, de la culture, de l'étude, de la volonté… si chères aux confucianistes. Faire le vide en soi, intellectuellement et affectivement, est une voie qui mène à l'accueil du dao en son cœur/esprit. L'idéal, principalement décrit par Zhuang zi,

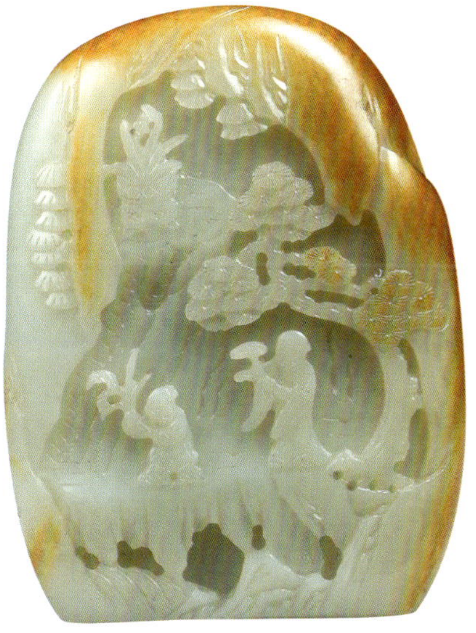

CI-DESSUS
Quête des simples dans la montagne
Époque Qing, XVIIIe siècle. Rocher de jade (Shanzi), à inclusions orangées, 16 cm de haut. Musée des arts asiatiques Guimet, Paris. © Rmn/Thierry Ollivier/Presse.

CI-CONTRE
Ding Yunpeng
Ge Hong changeant de résidence
Époque Ming. Rouleau vertical, encre et couleurs sur papier, 49 x 29 cm. Musée national du Palais, Taipei, Taiwan.

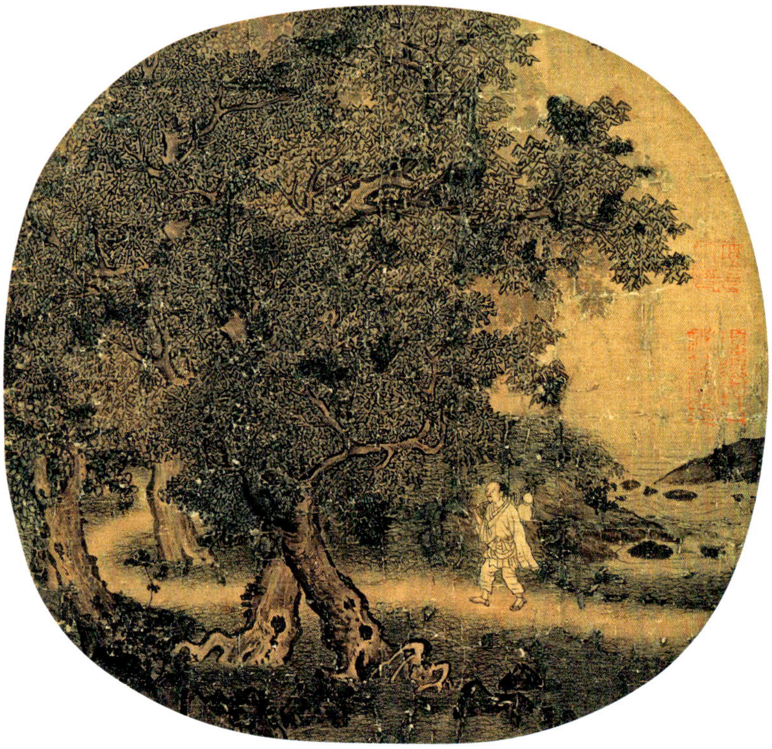

« La caractéristique de la haute vertu est de procéder de la Voie. La Voie, dans l'univers des choses, est évanescente, insaisissable. »

(« Le Livre de la Voie »)

est l'homme saint qui parvient à se détacher de toutes les contraintes sociales et individuelles (qu'elles soient physiques ou psychiques, les unes se différenciant peu des autres en Chine), tendant à se rattacher mystiquement au dao du « Grand Un » cosmique. Cette attitude, visant à faire table rase des certitudes qu'imposaient les écoles officielles d'avant l'Empire – qui fut fondé en 221 par le redouté Qin Shihuang di en prélude à la dynastie confucianiste des Han (vers 206 av. J.-C. à 220 de notre ère) – va toutefois trouver ses limites, car elle séduit les lettrés retirés du monde, les fous et certains poètes, mais pas le corps des fonctionnaires… on comprend pourquoi ! À partir du IIᵉ siècle, le taoïsme va se répandre dans le peuple, via l'instauration d'un culte de Lao zi divinisé. À compter de cette ère nouvelle, le taoïsme pénètre les couches populaires et se veut une religion du salut individuel, loin des cérémonies officielles auxquelles le peuple n'est convié que comme spectateur. C'est dans ce cadre que vont se développer des techniques visant à améliorer les capacités de chacun, principalement dans la sphère corporelle – mais toujours en rapport avec une vision globale de l'humain agi par la circulation des souffles internes, *qi* – voire à conférer l'immortalité tant espérée. Pour ce faire, on a recours à des techniques respiratoires, alimentaires, sexuelles, alchimiques qui produisent une littérature ésotérique considérable pendant plusieurs siècles. On requiert aussi l'aide d'une multitude de divinités des mondes terrestre et céleste, et même du corps humain, en vue de garantir l'efficacité de ces méthodes. Comme chez les bouddhistes, il va se développer un corps de prêtres et de moines, une activité artistique considérable, puis des ambitions politiques qui paraîtront finalement fort éloignées des préoccupations des fondateurs originels. Depuis quelques années, des fouilles effectuées dans la province de Hubei ont permis d'exhumer des tombes d'époque préimpériale (IVᵉ-IIIᵉ siècles av. J.-C.) de nombreux textes, qui continuent de nous instruire sur l'histoire très ancienne de cette doctrine magnifiquement hétérodoxe et souvent énigmatique.

CI-DESSUS
Li Tang, (1049-1130)
Collecte de simples sur le mont des Immortels
Encre et couleurs sur soie, 22,4 x 23, 8 cm. Musée national du Palais, Taipei, Taiwan.

CI-CONTRE
Qiu Ying (1494/95-1552)
Pavillon dans un paysage
Dynastie Ming. Feuille d'album, encre et couleurs légères sur soie, peinture du type « bleu et vert » avec calligraphie de Zheng Ming, 29 x 28 cm. Musée des arts asiatiques Guimet, Paris. © Rmn/Thierry Ollivier/Presse.

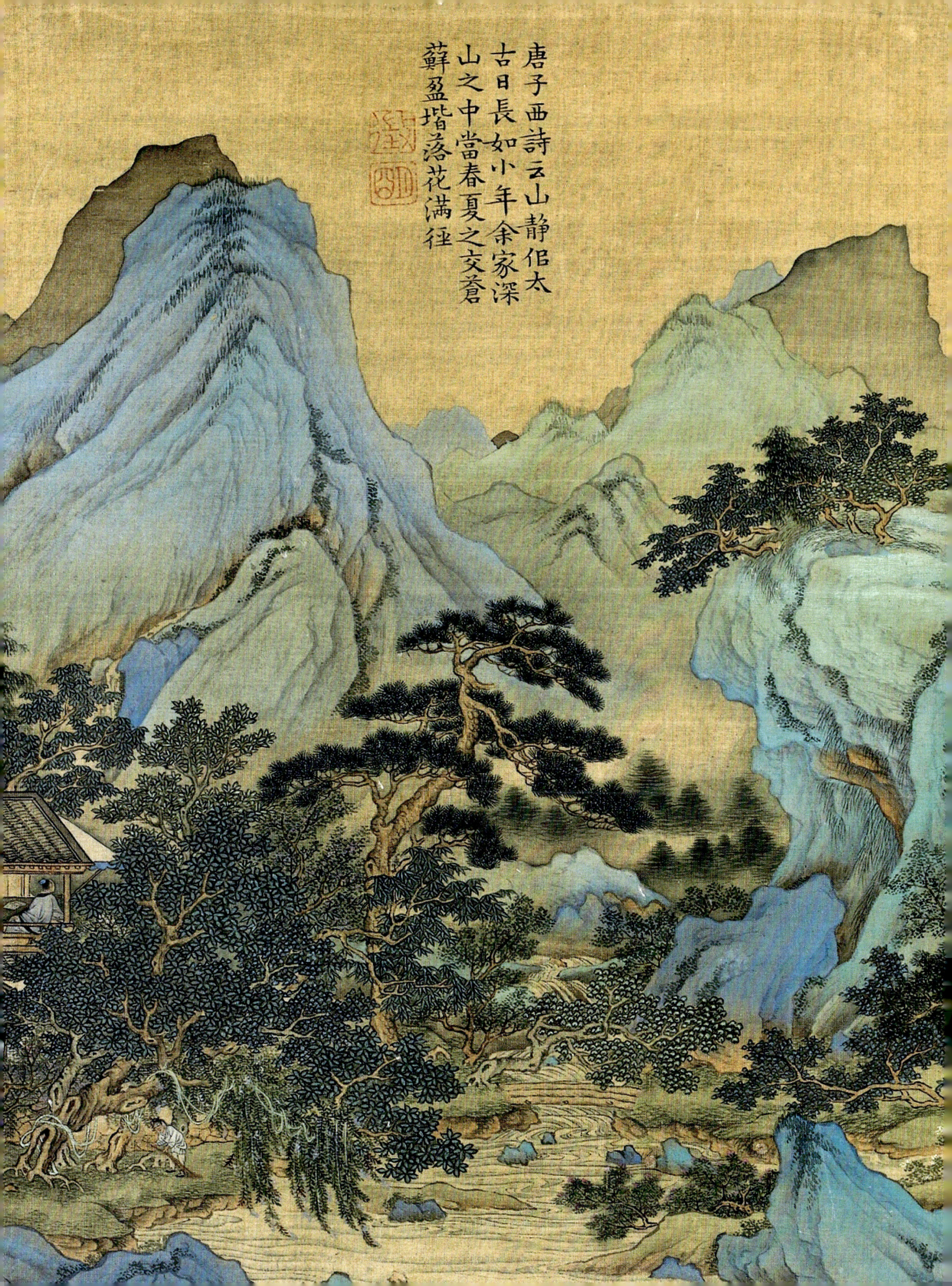
唐子西詩云山靜佀太
古日長如小年余家深
山之中當春夏之交蒼
蘚盈堦落花滿徑

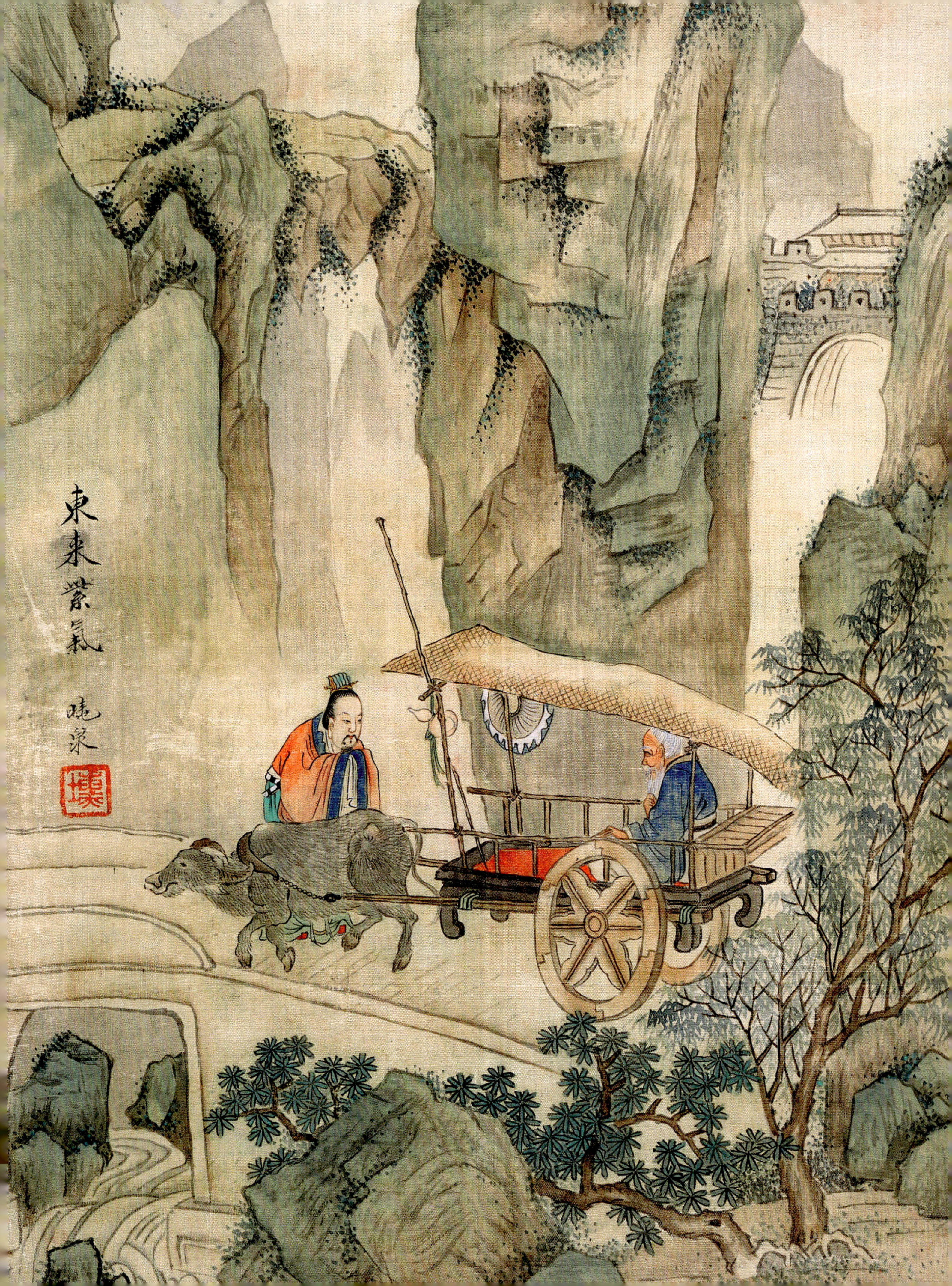
東来紫氣
晓泉

Le destin d'un archiviste devenu Vénérable céleste

PAR PIERRE-HENRY DE BRUYN
Maître de conférence à l'Université de La Rochelle
CNRS-Réseau Asie

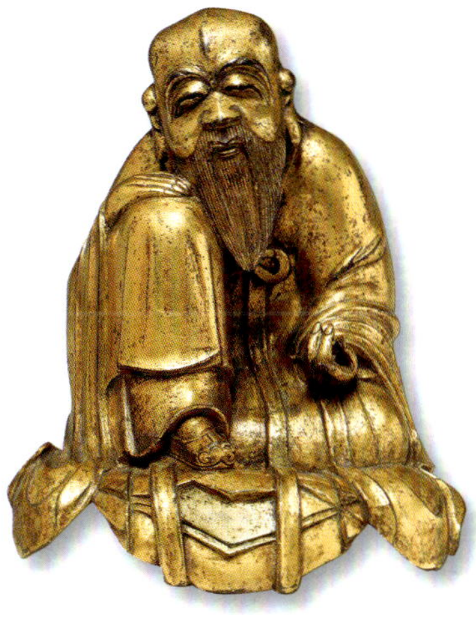

CI-DESSUS
Lao zi assis, dictant le *Classique des 5000 caractères*
Non daté. Bronze doré, 14 cm de haut.
Musée des arts asiatiques Guimet, Paris.
© RMN/Th. Ollivier.

Jiang Xun (1764-1821)
Lao zi à la passe de Hangu
Dynastie Qing (1644-1911). Feuille d'album, encre de Chine, encre de couleur, soie, 43,4 x 39,9 cm.
Musée des arts asiatiques Guimet, Paris.
© RMN/Ghislain Vanneste.
Lao zi, assis, mène un chariot couvert et est accueilli par Yin Xi, le gardien de la passe. Inscription : « Une lueur pourpre venue de l'est ».

Le personnage de Lao zi est un mystère inscrit aux racines du taoïsme. Son nom seul suffit à le pressentir : constitué des deux caractères, *lao* et *zi,* il peut, en effet, se traduire par « vieux maître » autant que par « vieillard enfant ». Or le taoïsme est justement constitué de lignages de maîtres se référant eux-mêmes à de vieux sages connaissant les pratiques secrètes pour atteindre la vieillesse en gardant un corps d' enfant. Le nom de Lao zi semble donc coller de trop près à la réalité du taoïsme pour que cela soit seulement un hasard. Étant donné que le nom de famille « Lao » était attesté à l'époque des Royaumes Combattants, on pourrait aussi penser que Lao zi désigne un certain « maître Lao ». Cependant l'historicité éventuelle de ce personnage n'est pas encore aujourd'hui clairement établie. Et ne pouvant plus hélas, comme autrefois un certain Yin Xi, arrêter à nos frontières cet individu mystérieux pour lui demander son nom, Lao zi restera probablement à jamais un être aux frontières de la réalité et de la légende…

La Chine – « empire du Milieu » – se pense à la façon d'un corps : un espace au milieu duquel la vie circule. Lao zi, avec les secrets vitaux qu'il possède, se devait donc de quitter un jour la Chine, comme la vie finit par quitter le corps qu'elle anime. C'est pourquoi, après avoir exercé, selon la plus ancienne biographie que nous ayons de lui et que nous devons au grand historien Sima Qian (145-86 av. J.-C.), le métier d'archiviste de la bibliothèque à la cour royale des Zhou, Lao zi serait un jour parti en direction du soleil couchant, porté par un bœuf. Son métier d'archiviste avait fait de lui une encyclopédie vivante des secrets du passé. Le bœuf, incarnant la patience et la force protectrice qu'il portait sur lui, avançait d'un pas tranquille. Mais avec le départ de Lao zi, c'était la vie même qui paraissait quitter l'Empire…

Toujours d'après Sima Qian, le nom personnel de Lao zi était « Li Er » et son prénom social « Dan ». Selon certains, Laozi était né au pays de Chu dans le centre de la Chine et avait pratiqué, sa vie durant, « le Dao et la Vertu ».

D'après les *Annales des printemps et automnes,* ouvrage compilé en 239 av. J.-C. par des lettrés rassemblés autour de Lü Buwei (291-235 av. J.-C.), futur premier ministre du fondateur de l'empire chinois, Lao zi avait rencontré sur sa route, un garde-frontière dénommé Yin Xi. Invité par ce dernier, Lao zi avait alors rédigé pour lui un ouvrage qui allait entrer dans l'histoire : le fameux *Daode jing,* parfois

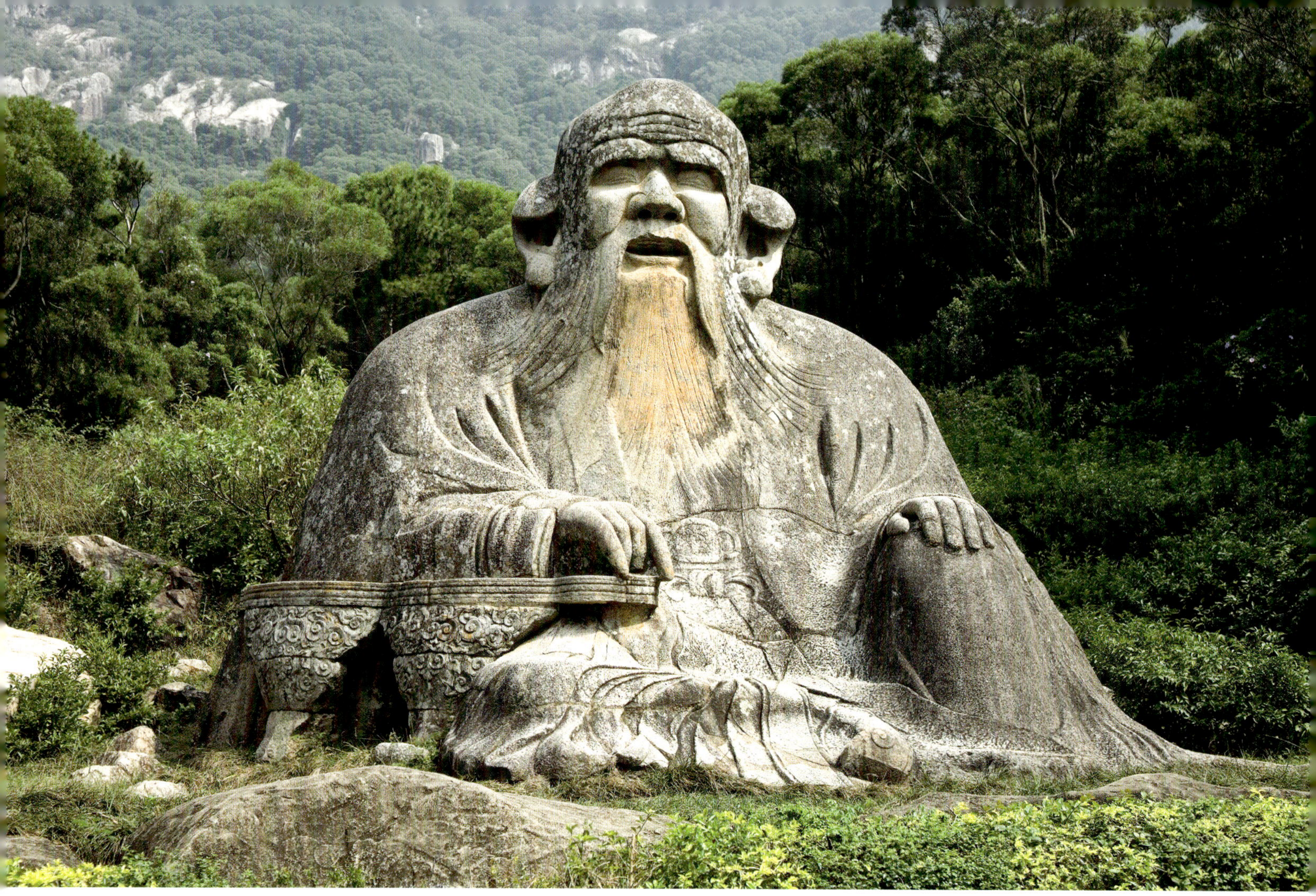

appelé le *Classique des 5000 caractères.* Ce douanier Yin Xi aura un destin posthume peu banal. Le grand philosophe Zhuang zi, qui raconte une rencontre où Lao zi interpelle Confucius par son prénom et critique son enseignement comme étant inférieur au sien, fit même de Yin Xi un égal de Lao zi. Et dans la célèbre collection de *Biographies d'Immortels illustres,* Yin Xi est dit être devenu le premier disciple de Lao zi avant de partir avec lui vers l'ouest. Au VIIe siècle, Wang Yan fera de cette rencontre entre Lao zi et Yin Xi le modèle par excellence de l'initiation taoïste.

De multiples réincarnations

L'endroit où se déroula cette entrevue entre Lao zi et Yin Xi est traditionnellement identifié à la passe de Hangu, dans la province du Henan, mais le lieu où Lao zi aurait composé son ouvrage se trouverait dans le Shaanxi, à la Terrasse de proclamation du Classique du Louguan. C'est là que naîtra au IVe siècle l'école taoïste du Louguan qui fera de Yin Xi son ancêtre principal. Dès le IIe siècle de notre ère, Lao zi fut progressivement divinisé. Lao zi apparut dans le Sichuan en 142 à un certain Zhang Daoling qui fonda la secte des Cinq Boisseaux. Celle-ci deviendra plus tard l'école des Maîtres célestes, parfois dénommés en Occident « papes taoïstes ». Dans ce groupe taoïste, la récitation de l'ouvrage rédigé par Lao zi était une obligation régulière imposée à tous les adeptes. Lao zi, ainsi divinisé, devint bientôt le Dao incarné. Il siège désormais en tant que tel au cœur de tous les rituels taoïstes. Désigné comme Vénérable céleste du Dao et de sa vertu, il est représenté à gauche du Vénérable céleste du Commencement originel, à la droite duquel se tient le Vénérable céleste du Trésor spirituel. Lao zi, incarnation du Dao, se serait, en fait, réin-

Statue de Lao zi, province du Quanzhou, Chine
Dynastie des Song. © Liu Liqun/Corbis.

« Le sage qui a appréhendé le Dao, éclairé par le mouvement cyclique du ciel, comprend les rapports entre prince et sujets. Il saisit intimement l'origine et la fin de toutes choses. »

(« Les Quatre Canons de l'Empereur Jaune »)

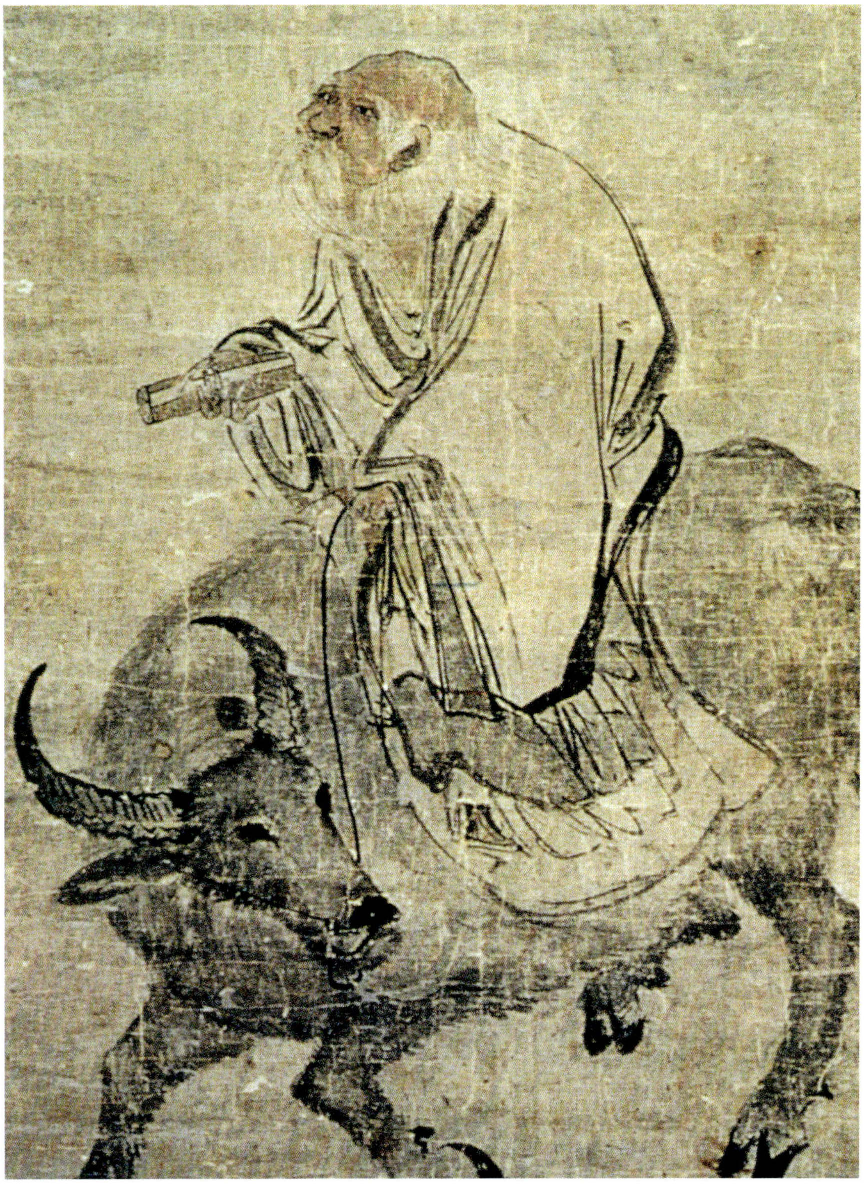

Zhang Lu
Lao zi sur son buffle
Dynastie Ming. Rouleau vertical, encre et couleurs légères sur papier, 101,5 x 55,3 cm. Musée national du Palais, Taipei, Taiwan.

carné dans l'histoire de multiples façons et à de nombreuses occasions. Wang Fu, adepte de la secte des Cinq Boisseaux, ira même jusqu'à affirmer que Bouddha n'était rien de moins qu'une réincarnation de Lao zi ! Il inaugura ainsi de sanglantes rivalités entre bouddhistes et taoïstes par son ouvrage intitulé *La Conversion des Barbares par Lao Tseu.* La tradition veut que Lao zi se soit réincarné plus de 80 fois dans l'histoire pour initier les empereurs à une politique plus harmonieuse. Ainsi, par exemple, la 82e de ces réincarnations, l'Empereur supérieur du Ciel Sombre, alias Xuantian shangdi, siège au cœur de la Cité interdite dans le temple le plus au nord de l'enceinte, ce qui est la position d'honneur. Selon la tradition, le nom messianique de Lao zi réincarné est celui de Li Hong. Et ce n'est sûrement pas un hasard si le fondateur de la secte bouddho-taoïste du Falun gong, qui ébranla le pouvoir chinois en improvisant une manifestation de 10 000 personnes sur la place Tiananmen, le 25 avril 1999, a pris comme nom de religion « Li Hong-zhi ».

UN PANTHÉON FOISONNANT

PAR BÉRÉNICE GEOFFROY-SCHNEITER

Contrairement aux conceptions occidentales, il n'y a pas dans la religion taoïste de dieu unique et créateur. Toutes les divinités sont ainsi considérées comme des émanations du dao et lui sont, par définition, inférieures. En outre, elles n'appartiennent pas à une catégorie spéciale et font partie du même monde que nous. C'est dans les séries de rouleaux liturgiques qu'apparaît, dans un foisonnement de détails ahurissant, la structure hiérarchisée du panthéon taoïste telle qu'elle a été définie et complétée à l'époque Song. Depuis les divinités dynastiques jusqu'aux petits génies locaux sans oublier les ancêtres humains ayant atteint le statut d'Immortel, chacune de ces entités compose le théâtre d'une vaste bureaucratie céleste. Au-delà de cette hiérarchie, siègent les Trois Purs, *Sanqing,* considérés comme les trois plus hautes manifestations du dao. Ils sont assistés par les Trois Officiels, du ciel, de la terre et de l'eau, qui travaillent au maintien de l'équilibre du monde, contrôlent et jugent le destin des individus. De nombreuses divinités féminines sont révérées aussi bien par le peuple que par les élites. Parmi elles, se détache Xiwangmu, la Reine Mère de l'Ouest, qui symbolise et incarne la fusion du *yin* et du *yang.* Enfin, conçu comme un microcosme de l'univers, le corps recèle en son sein un panthéon intérieur, que l'adepte s'efforce de convoquer par la méditation.

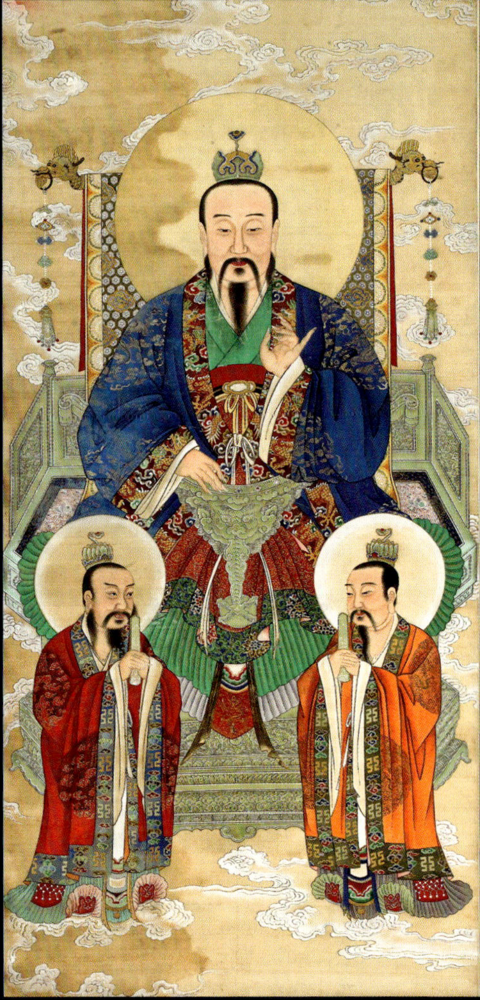

Yuanshi tianzun, le Vénérable céleste du Commencement originel

Époque Ming, vers 1600. Encre et couleurs sur soie, 219 x 82 cm. Musée des arts asiatiques Guimet, Paris.

On reste confondu devant le nombre de divinités absorbées par le panthéon taoïste. S'y retrouvent des dieux de toutes origines accompagnés de leurs cortèges de servantes et de gardes. Mais à partir des Song (960-1279), on distingue deux niveaux de sacré : le niveau supérieur *(xiantian,* « avant la création ») qui rassemble les divinités pures auxquelles on n'offre pas de sacrifices sanglants, et le niveau inférieur *(houtian,* « après la création ») qui rassemble les défunts, devenus des dieux dans l'Au-delà. Le Vénérable Céleste du Commencement originel appartient bien évidemment à la première catégorie

Daode tianzun, le Vénérable céleste de la Voie et de son Pouvoir

Par Chen Yanging.

Époque Ming, 1438. Bronze doré, 18, 5 cm de haut. The Metropolitan Museum of Art, New York.

Daode tianzun est l'un des Trois Purs ou *Sanqing* occupant le sommet du panthéon. Selon la conception taoïste, tout est souffle, et les souffles les plus purs s'élèvent le plus haut. Le taoïsme s'est longtemps montré aniconique, refusant le culte des images. Mais à partir du ve siècle apparaissent les premières représentations de divinités, censées aider le fidèle à accomplir ses prières. Fleurissent alors les effigies de Lao zi divinisé sous les traits du Vénérable céleste de la Voie et de la Vertu, l'une des instances dans la Triade des Trois Purs.

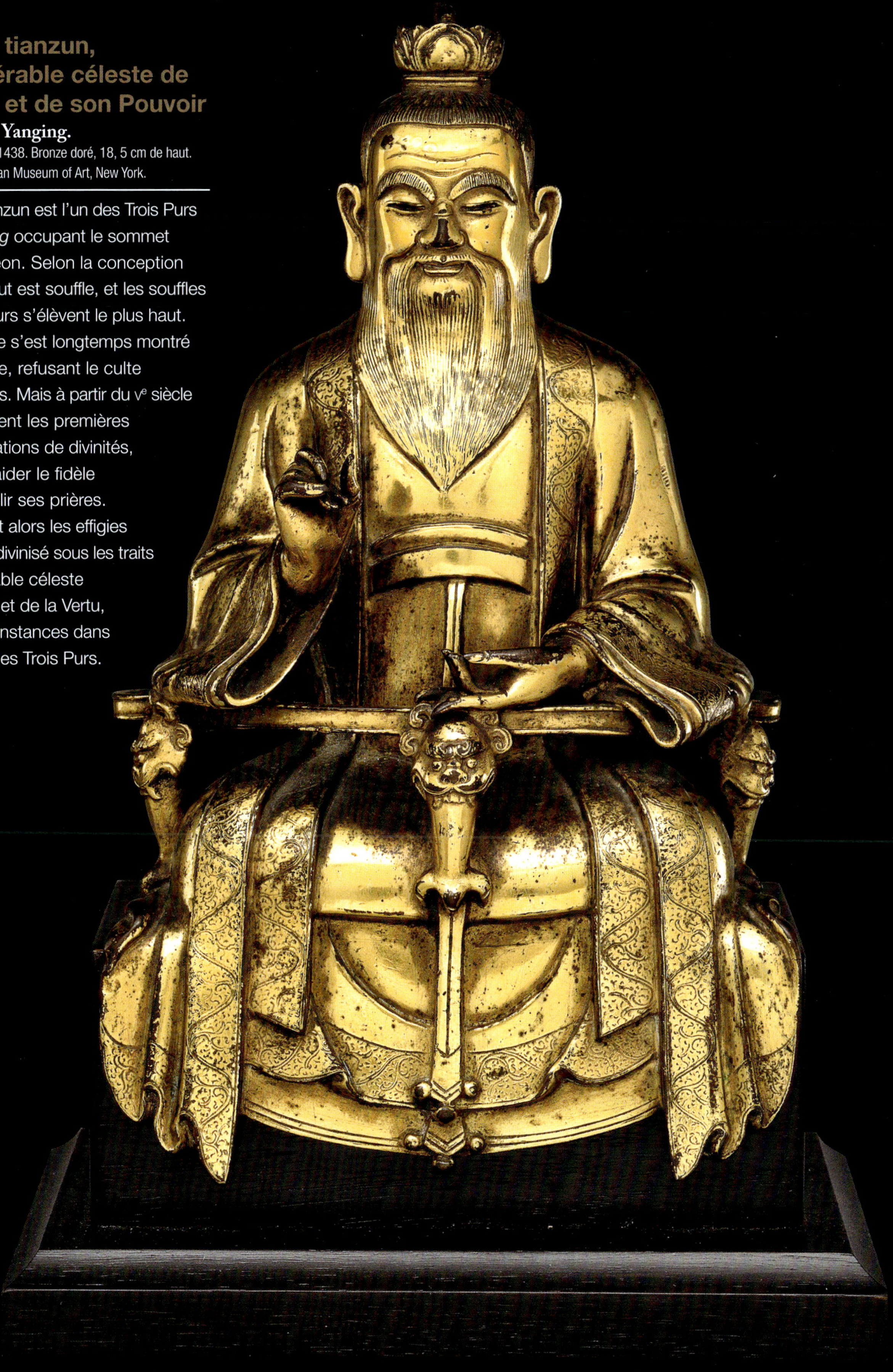

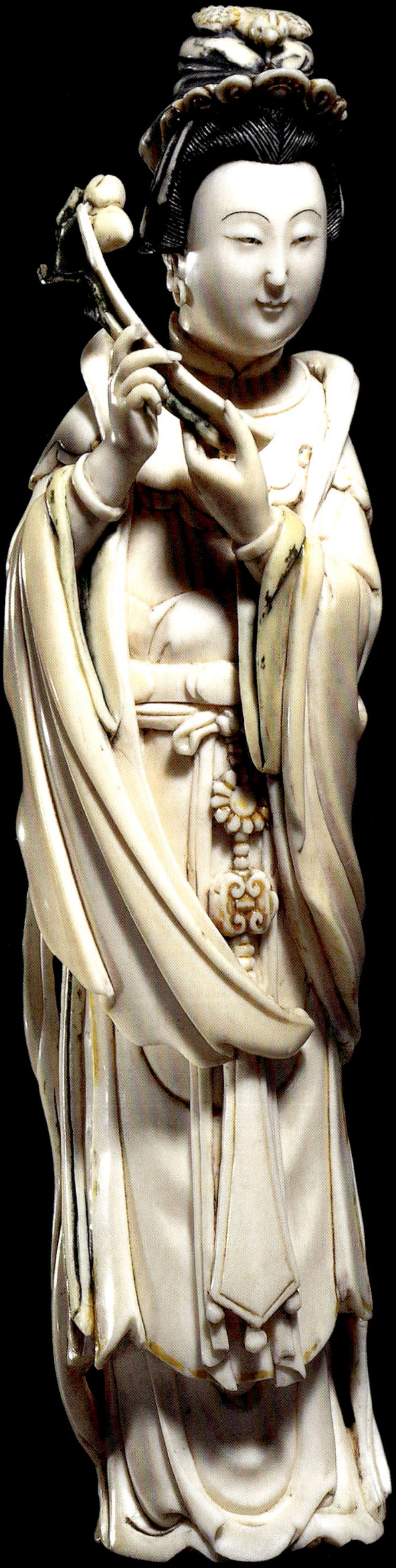

« Le ciel ne couvrait pas ;
la terre ne portait pas.
Et pourtant, lui, était déjà là :
le Tao primordial, plus ténu
que l'infiniment petit, plus vaste
que l'infiniment grand. »

(« Les Quatre Canons de l'Empereur Jaune »)

< Xiwangmu, la Reine Mère de l'Ouest

Règne de Kangxi (1662-1722). Ivoire, 19,4 cm de haut. British Museum, Londres. © RMN/Th.Ollivier.

Sous l'apparence de cette gracieuse jeune femme, se cache en réalité cet être extrêmement puissant et ambigu qu'est Xiwangmu. La Reine Mère de l'Ouest – baptisée encore la Mère du métal – détient, en effet, le pouvoir double de donner la mort (en abattant sur les humains des épidémies), mais aussi la vie (car elle est maîtresse de l'élixir d'immortalité). Elle est, en outre, la sainte patronne des nonnes taoïstes et de toutes les femmes vivant hors des liens du mariage.

La Princesse aux nuages colorés de l'aube, la Sainte Mère immortelle céleste du Pic de l'Est >

Vers 1600, dynastie Ming (1368-1644). Encre de couleur, rehauts d'or sur soie, 216 x 100 cm. Musée des arts asiatiques Guimet, Paris.

Censée être la fille du Seigneur de l'Est, cette déité féminine est particulièrement vénérée par les femmes car elle passe pour guérir les maladies des yeux et faciliter les accouchements. Elle est aussi la protectrice des enfants. Par sa préciosité, une telle peinture montre à quel point il n'existe aucune hiérarchie entre les divinités masculines et féminines…

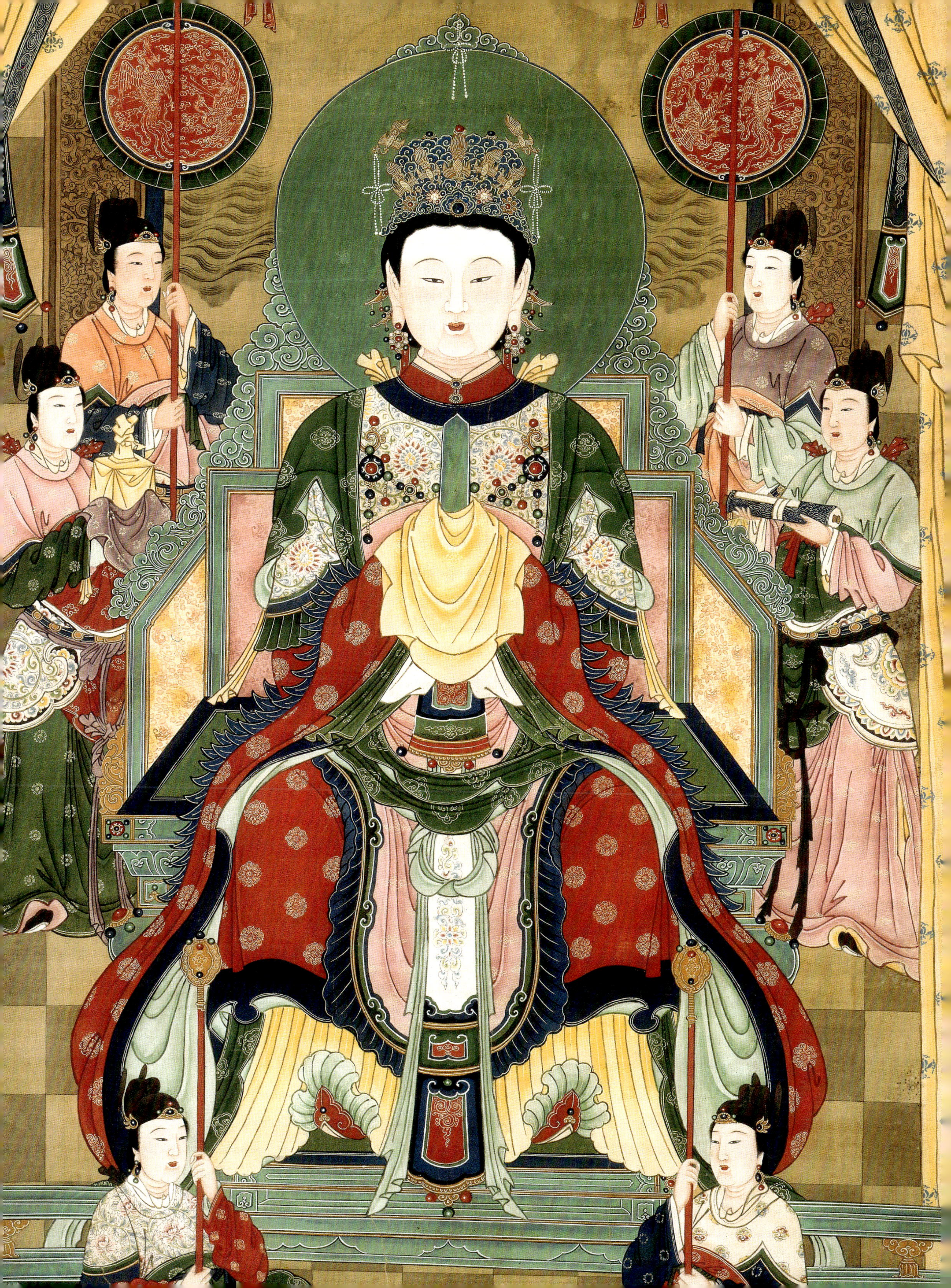

Zhong kui assis, cuvant son vin >

Règne de Kangxi (1662-1722). Porcelaine, 17 cm de haut.
Musée des arts asiatiques Guimet, Paris.

Les scènes de beuverie des Immortels abondent dans la littérature taoïste. Mais loin de se réduire à de sympathiques «bacchanales», elles traduisent la manifestation d'un état particulier : l'union avec le Dao. C'est dans cet esprit qu'il convient d'analyser la posture du lettré Zhong kui, dont l'ivresse est ici d'essence sacrée. Une légende rapporte également que des démons l'auraient enivré afin de le neutraliser, tant il se montrait habile dans sa lutte contre les forces du mal…

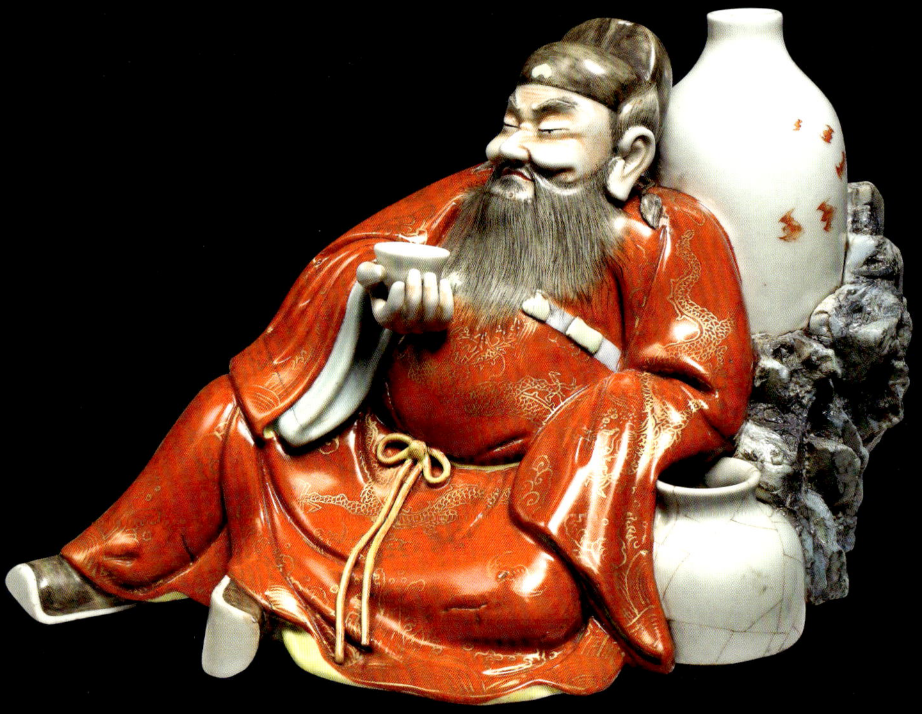

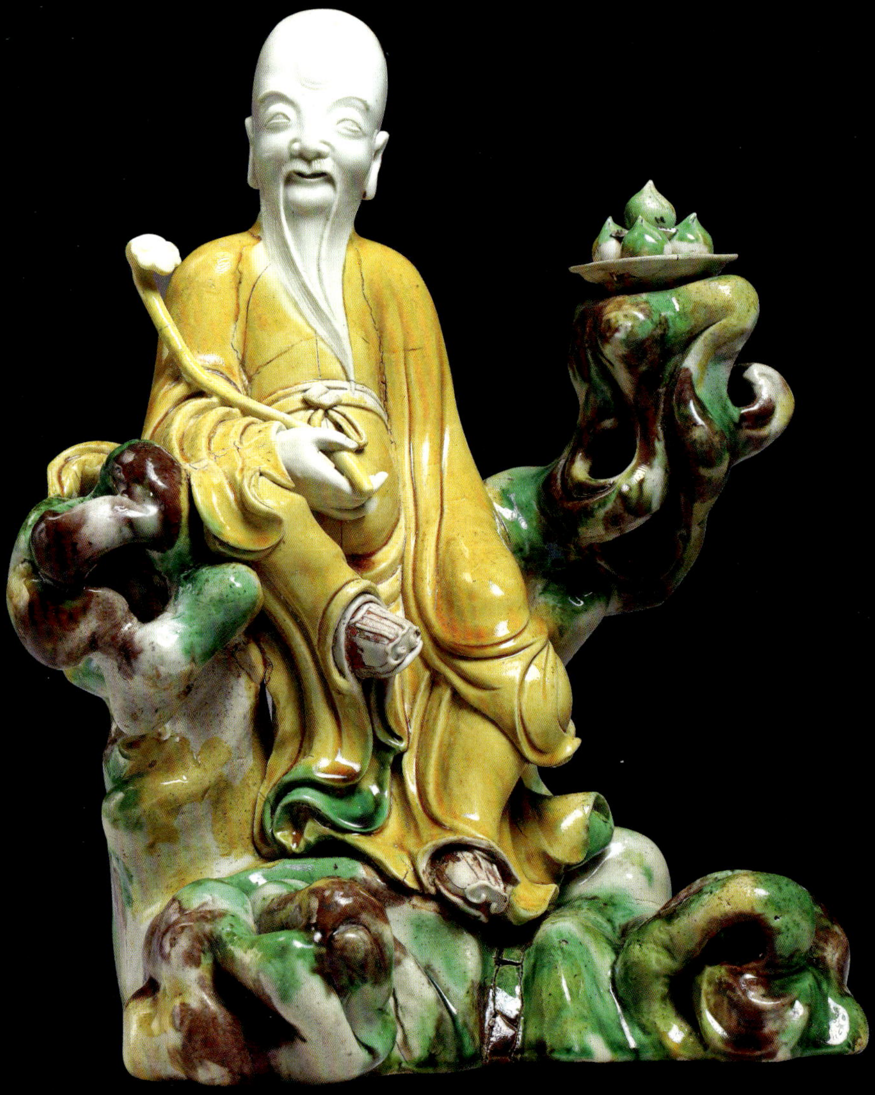

< Shouxing assis sur des rochers

Règne de Kangxi (1662-1722). Porcelaine, 26 cm de haut.
Musée des arts asiatiques Guimet, Paris.

S'il est un concept cher à la pensée taoïste, c'est bien la quête de longue vie ! L'adepte du Dao se livre ainsi à une véritable «diététique du corps et de l'esprit» afin de ne pas mourir prématurément. S'abstenir des cinq céréales, pratiquer des exercices gymnastiques et respiratoires en constituent quelques-uns des fondements. Point étonnant, dans ce contexte, que le dieu de la longévité – reconnaissable à son crâne hypertrophié – recueille toutes les faveurs des fidèles…

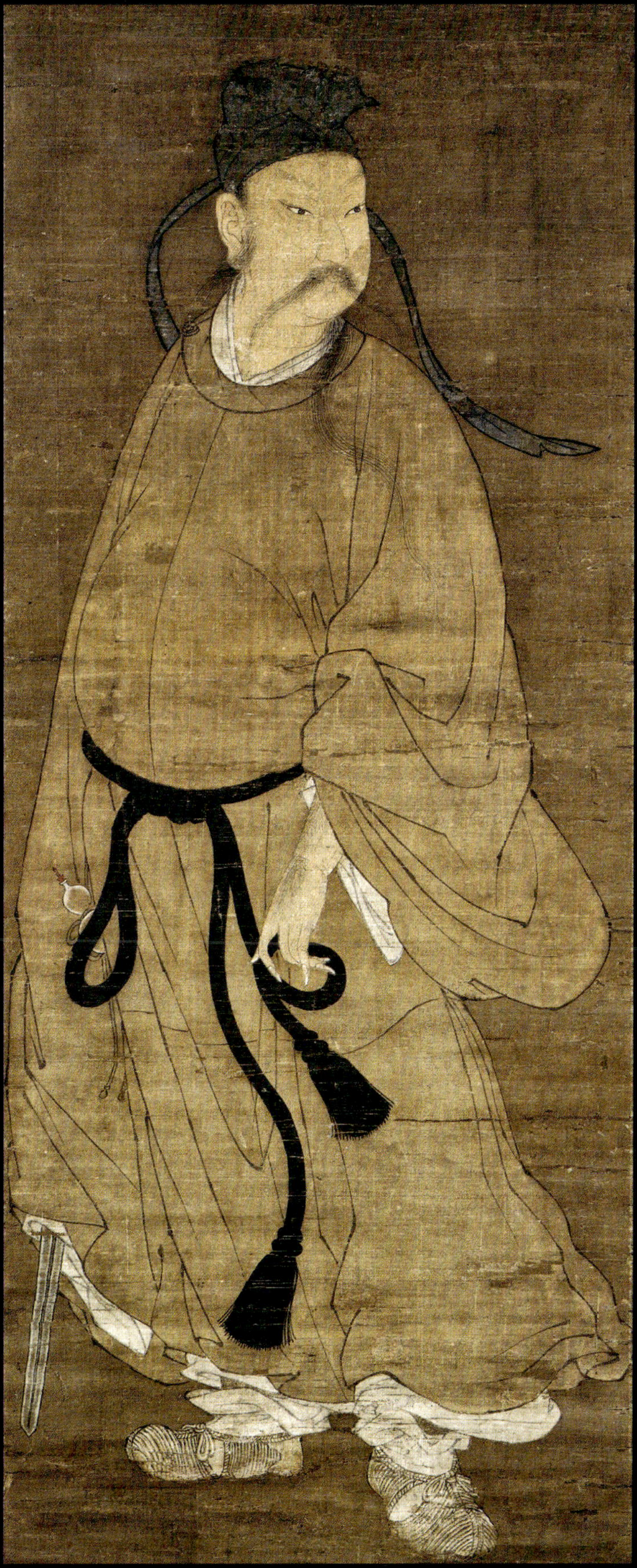

Le taoïste Immortel Lü Dongbin

Dynastie Yuan, fin XIIIe-début XIVe siècle. Rouleau vertical, encre et couleurs sur soie, 110,5 x 44,4 cm. The Nelson Atkins Museum of Art, Kansas City.

Sous le vocable d'« immortel », *xian* en chinois, sont désignés des êtres qui se manifestent par des miracles, des apparitions et des révélations. Ils ont atteint ce statut, à l'issue de longues pratiques d'ascèse, et sont passés au-delà de la mort pour se fondre dans le Dao. Parmi eux, Lü Dongbin, ici représenté en lettré, fait toujours l'objet d'un culte extrêmement vivant. On ne compte plus les temples qui lui sont consacrés dans tout le monde chinois, de Taipei à Hong Kong en passant par New York !

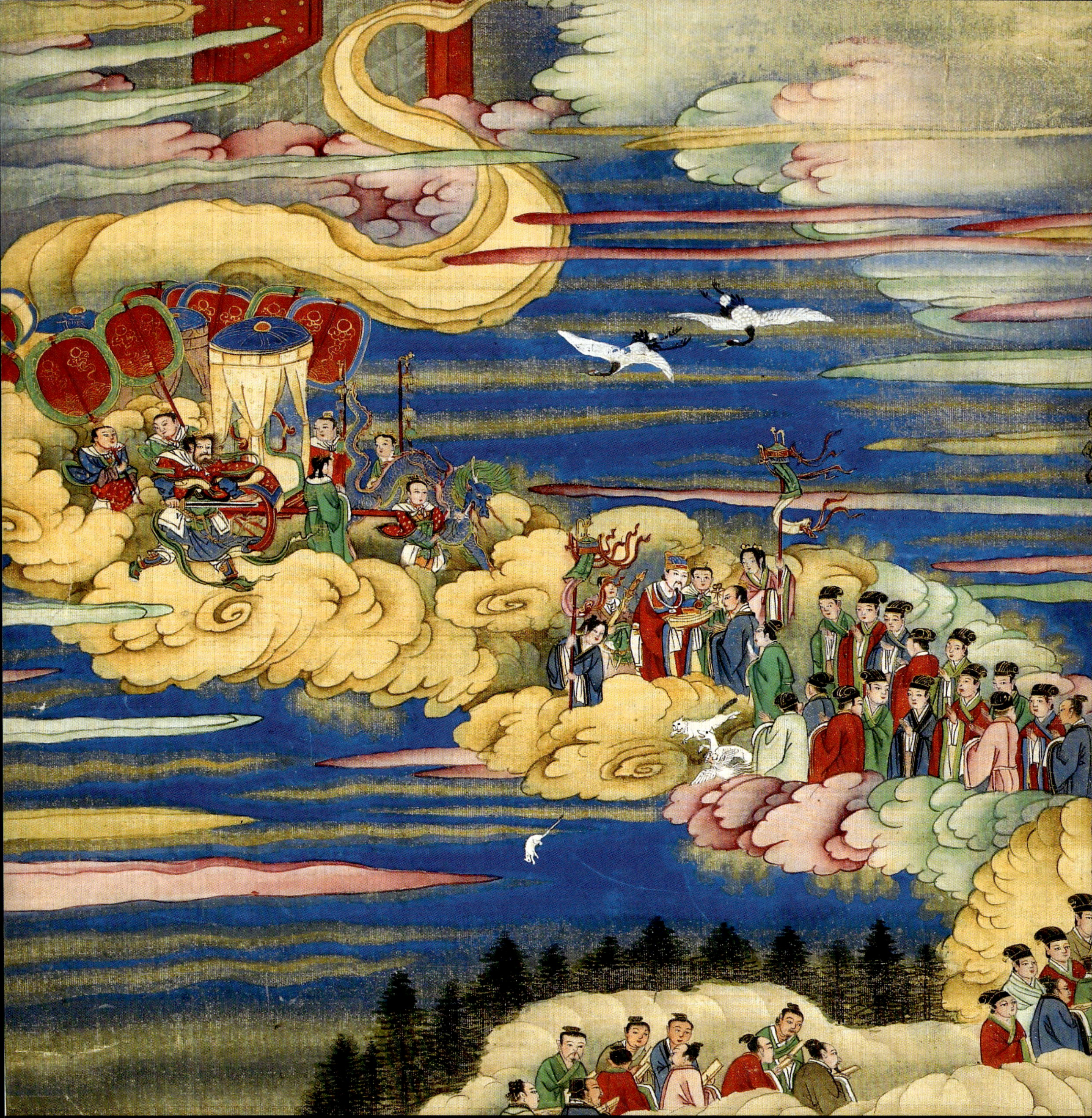

Apothéose de Xu Zhenjun

Dynastie Ming. Double feuille d'album montée en rouleau, soie, encre et couleurs vives, 30,8 x 64,2 cm. Musée des arts asiatiques Guimet. Paris. © Rmn/Thierry Ollivier/Presse.

Dans une atmosphère teintée d'onirisme et de merveilleux, cette peinture lumineuse décrit, avec force détails, l'apothéose de l'Immortel Xu Zhenjun. Le héros civilisateur les monstres de la terre – accomplit son ascension céleste en compagnie de tous ses proches : famille, fidèles, serviteurs et même animaux de compagnie ! Particulièrement vénérée par les fidèles taoïstes et confucianistes, la figure de Xu Zhenjun réconcilie, à bien des égards, les concepts de

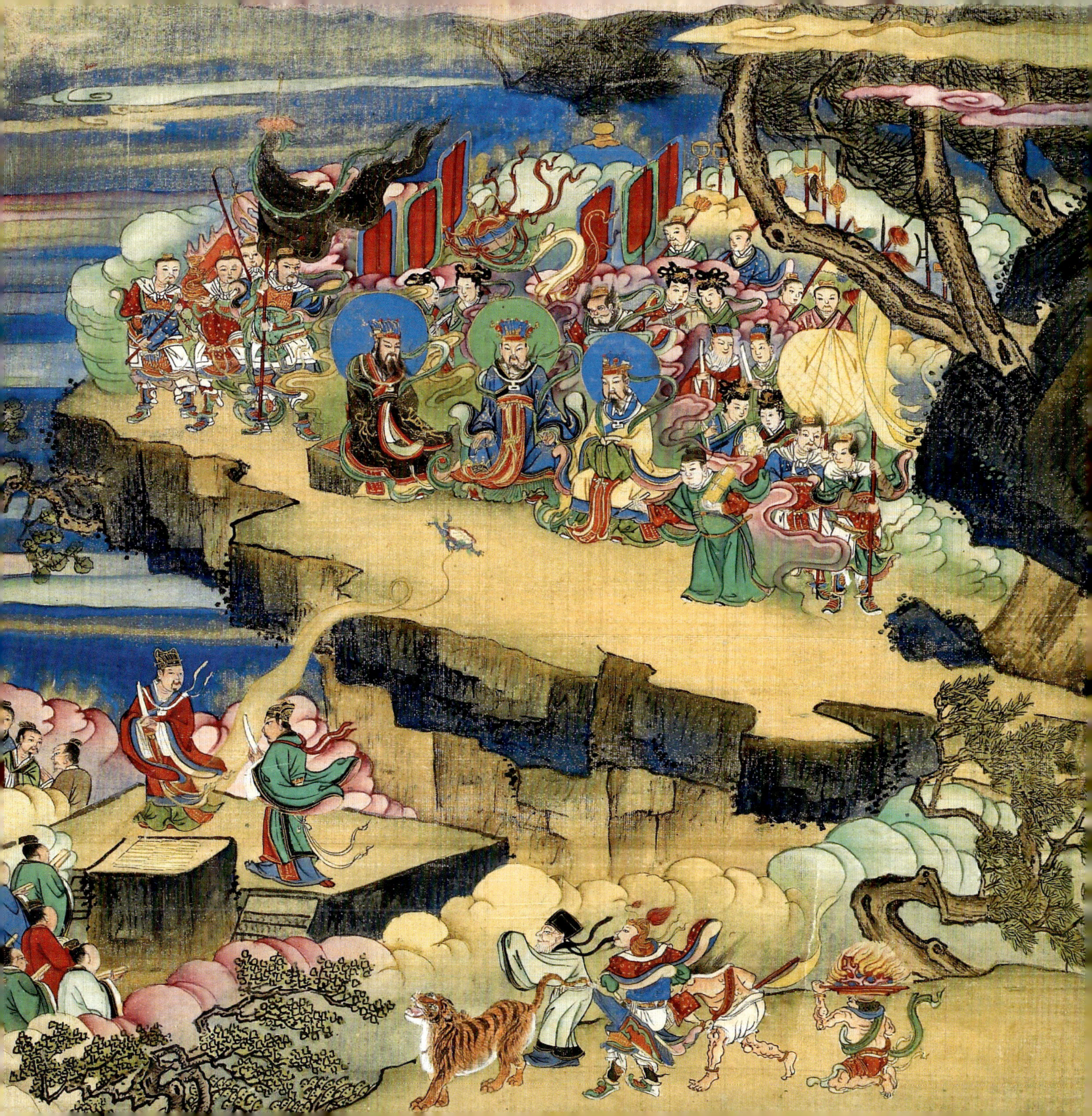

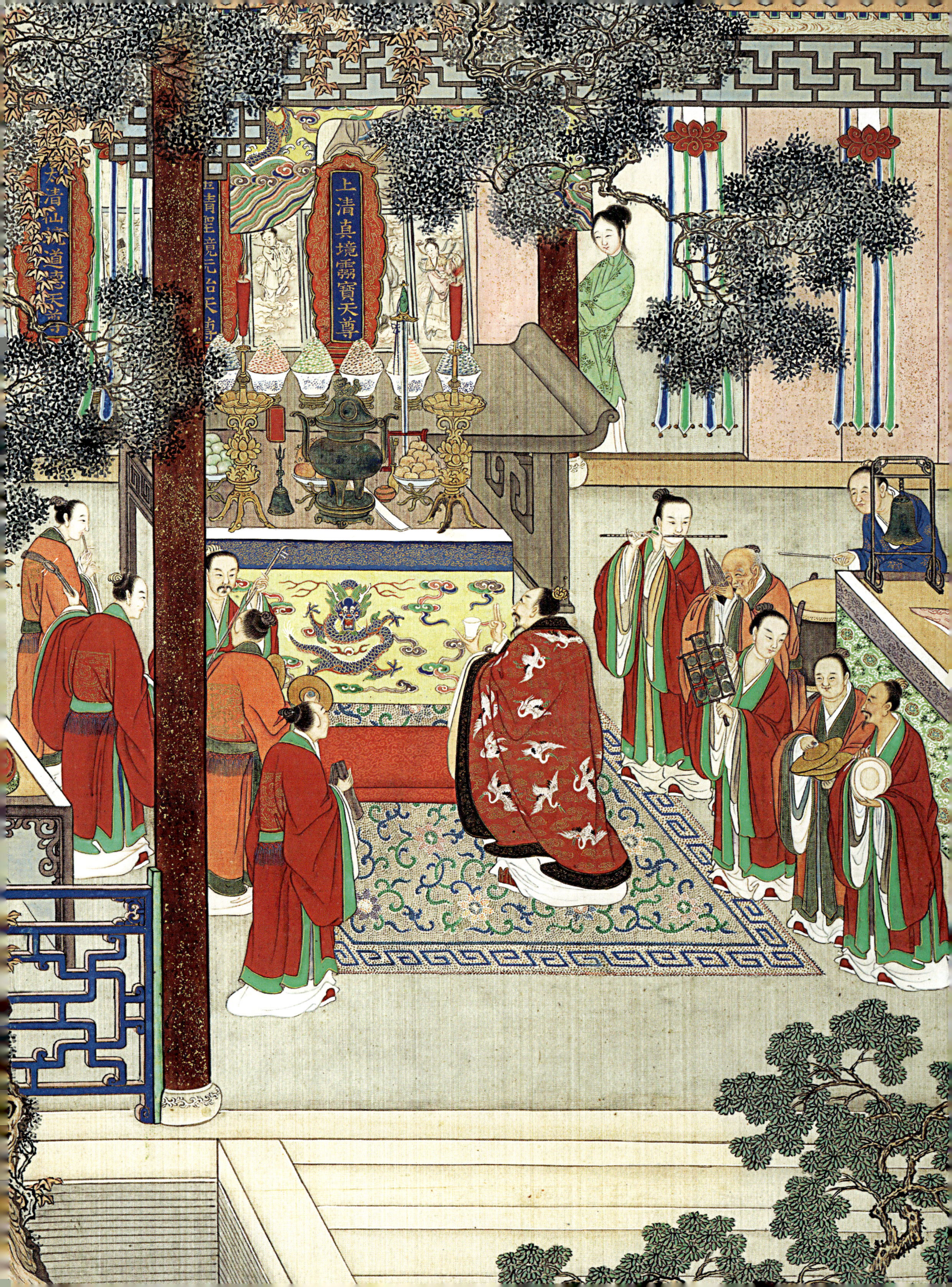
上清真境霛寶天尊

Une liturgie codifiée comme un opéra religieux

PAR ALAIN ARRAULT
Chercheur à l'École française d'Extrême-Orient

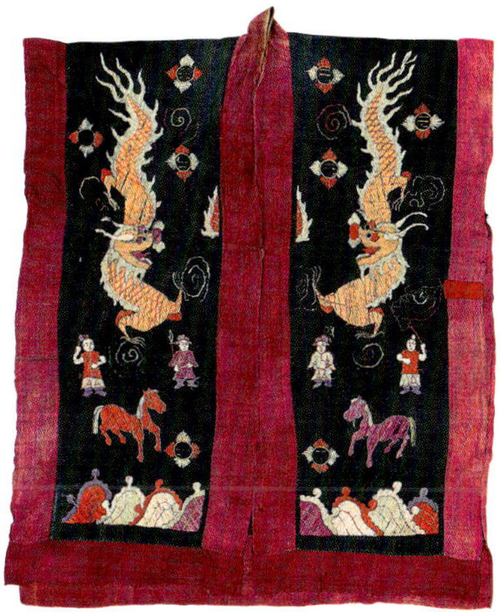

CI-DESSUS
Robe de prêtre taoïste (d'une secte populaire)
XXe siècle. Coton, soie et broderies, 110 x 92 cm. Musée des arts asiatiques Guimet, Paris. © RMN/Michel Urtado.

CI-CONTRE
Cérémonie taoïste
Règne de Kangxi, vers 1700. Feuille d'album, illustration du chapitre 66 du *Jin Ping Mei*, encre et couleurs sur soie, 39 x 31, 2 cm. The Nelson-Atkins Museum of Art, Kansas City.

Pour tous ceux qui ont vu un rituel taoïste, il est indéniable qu'il s'agit d'un art total, au sens où l'entendait Richard Wagner et même au-delà : il combine à la fois la musique, le chant, le théâtre, les arts martiaux, les pratiques méditatives, les arts visuels. Entrer dans l'aire sacrée où se déroulent ces rituels, c'est assister à un opéra religieux, au sens littéral du terme. On distingue habituellement deux grands ensembles de cérémonies : celles dites « sombres » *(you)* et celles appelées « claires » *(qing)*. Les premières s'adressent au monde des morts, aux défunts et à leurs descendants, essentiellement sous la forme de rituels funéraires ; les secondes, qui ont une fonction propitiatoire et prophylactique, interpellent les divinités célestes et concernent, au premier chef, les vivants et leurs communautés. Si nous allons plus avant, il apparaît très nettement que les rituels sont à l'image d'une grammaire : ils sont composés d'un tout et de parties. Le tout, dénommé service *(ke)*, désigne la cérémonie dans son entier, comme par exemple le service du requiem, le service pour la paix, le service de l'eau ou du feu, en cas de calamités liées à ces deux éléments, etc. Un service est composé de rituels *(yi)*, un ensemble de gestes, de chants ou de psalmodies, destiné à accomplir un acte rituel précis telles la purification de l'aire sacrée, l'invitation des divinités au début du service, etc. Chaque rituel comprend, à son tour, un certain nombre de rites *(fa)*, offrande d'encens, purification de l'autel, ouverture du brûle-parfum, libations… D'une grammaire, disions-nous, et plus précisément d'une grammaire dotée d'une structure en miroirs : le début du service, l'invitation des divinités, a pour contrepartie la fin, le renvoi des divinités ; le deuxième rituel, l'avant-dernier, et ainsi de suite. Et par un effet d'emboîtement, un même rituel présente des caractéristiques identiques de symétrie inversée. La durée d'un service peut aller d'un jour à 49 jours, de la même manière un rituel, d'une heure à plusieurs heures, cette variation dépendant naturellement du type de cérémonie, mais aussi des capacités financières du ou des commanditaires.

Voir un rituel, c'est aussi l'entendre : les invocations, les prières se mêlent aux chants et aux psalmodies, parfois même aux murmures ; la musique se fait parfois solennelle, parfois tonitruante : tambours, clochettes, instruments à vent et à cordes prennent tour à tour le dessus ou entrent en harmonie. Mais aux séquences audibles et visibles succèdent des parties plus ésotériques : le maître de cérémonie

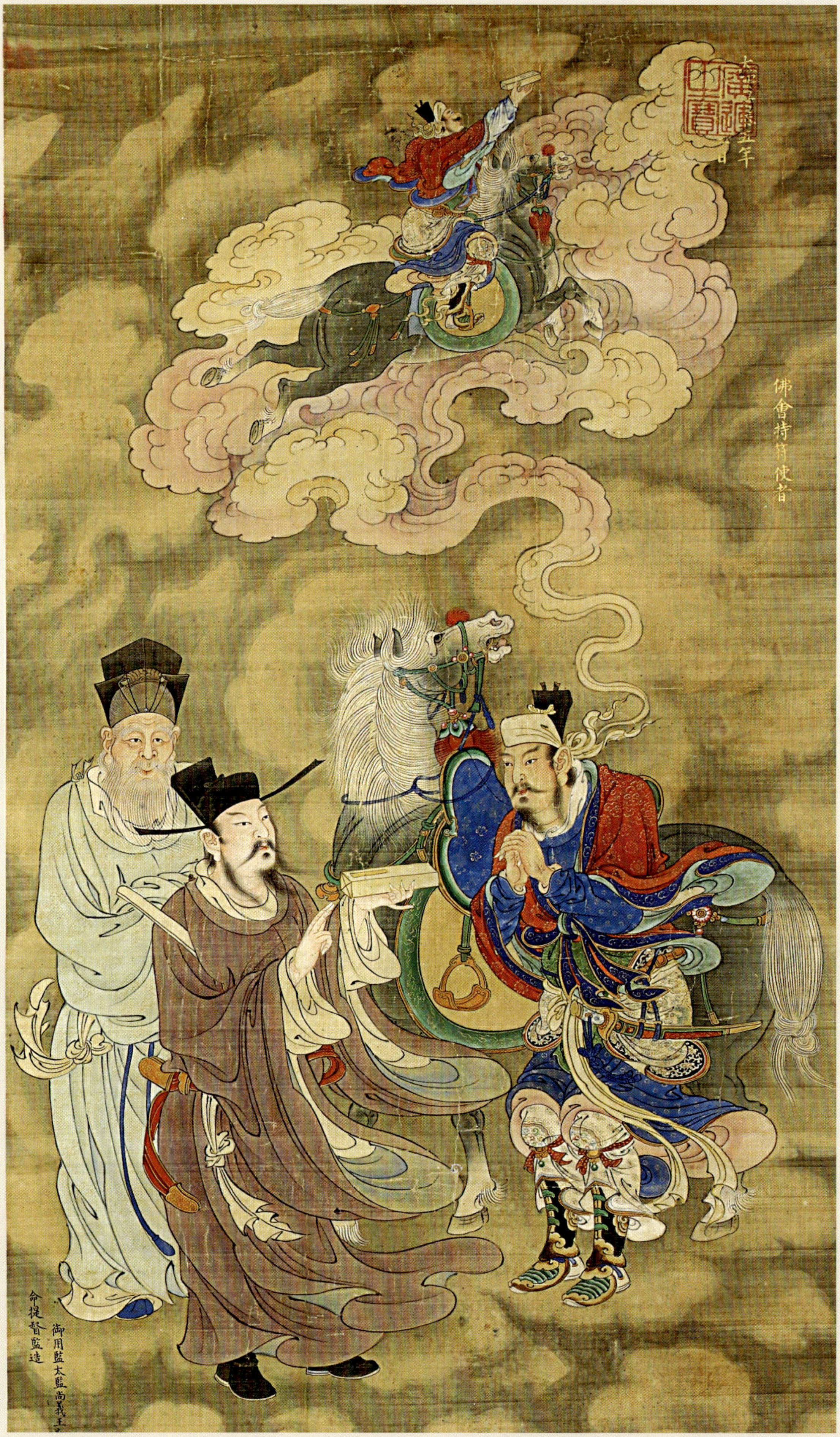
佛會持旛使者
御用監太監尚義
命提督監造

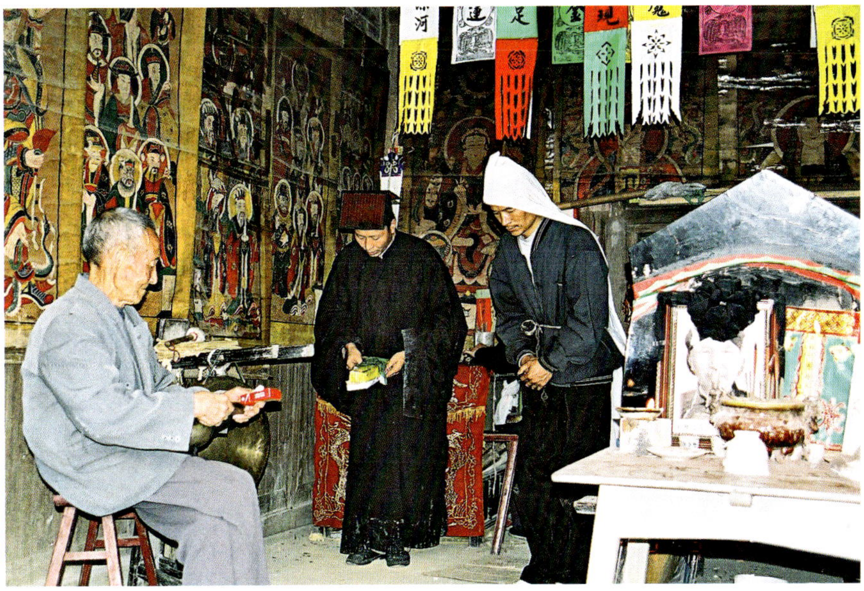

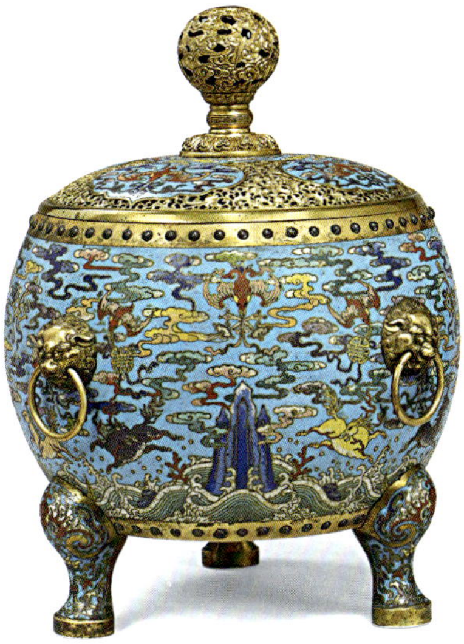

CI-DESSUS
Brûle-parfum tripode
Dynastie Qing, XVIIIe siècle. Cuivre et émail cloisonné, 42 cm de haut, 36 cm de diamètre. Musée des arts asiatiques Guimet, Paris. © Rmn/Thierry Ollivier/Presse.

CI-DESSUS À DROITE
Rituel funéraire taoïste
Photo © Chen Bali, octobre 2003
Ce rituel est accompli par un prêtre taoïste à Pingdong dans la Province du Hunan. Au premier plan un autel avec la photo de la défunte.

CI-CONTRE
Messager accrédité auprès du Monde supérieur
Dynastie Ming, règne de Jingtai, daté 1454.
Rouleau vertical, encre, or, couleurs, sur soie, 140 x 90 cm. Musée des arts asiatiques Guimet, Paris. © Rmn /Thierry Ollivier/Presse.
Le messager est chargé de transmettre aux divinités célestes un mémoire présentant le rituel accompli ici-bas.

devient brusquement silencieux, il fait dans ses manches des gestes étranges, ses mandibules grincent, il semble se recroqueviller sur lui-même. C'est par un travail intérieur, de respiration, de méditation et de visualisation que le maître se transforme *(hua)* en un émissaire ou en une divinité, par exemple, lors des rituels d'invitation des divinités ou d'audience auprès de la Cour céleste.

À l'extériorisation des gestes rituels correspond une mise en scène du secret : c'est aussi cette impression qui se dégage lorsque des écritures talismaniques – couchées sur papier, gestuellement « écrites » dans l'air ou avec des mouvements de tête – sont exécutées. La liturgie taoïste, en effet, a conservé une impressionnante quantité de textes dans le *Canon taoïste (Daozang)* compilé au XVe siècle. À ces textes écrits en chinois classique, s'ajoutent, aujourd'hui, des textes, rédigés parfois en langue vernaculaire, transmis de génération en génération dans des lignages encore vivants aujourd'hui.

Les rituels tissent un maillage social

Au fil des siècles, les rituels taoïstes ont incorporé des éléments venus d'ailleurs, les rites chamaniques des villageois, les rituels funéraires des bouddhistes, le culte des ancêtres des confucéens. Les divinités de tous bords ont, elles aussi, subi le même sort, pour former un panthéon de dieux innombrables, au bas mot quelques milliers. Par ces contacts et ces ajouts, ils se sont transformés et ils ont transformé. Lire et voir un rituel taoïste, c'est comme faire un carottage dans le sol : des couches successives apparaissent, des plus anciennes aux plus récentes.

Mais si l'étude des rituels ouvre des portes transhistoriques, il ne faut pas pour autant en négliger les dimensions politiques et économiques. Autour d'eux gravitent tout un maillage social d'associations de fidèles ainsi que des réseaux de temples ; à travers eux, des liens sont renoués et renouvelés avec les divinités, une situation bénéfique aux chefs des communautés qui voient leur légitimité renforcée. Les familles se rassemblent à l'occasion des fêtes calendaires ou pour résoudre les problèmes liés à la santé, à la fortune ou aux blessures de l'âme d'un des leurs. L'organisation d'un service d'offrandes *(jiao)* peut mobiliser pendant plusieurs jours des communautés entières et la construction, ou la reconstruction de temples, à laquelle nous assistons depuis les années 1980, demande parfois un effort de plusieurs années.

Une liturgie composée de multiples courants

Comme toute liturgie, la liturgie taoïste est loin d'être homogène. On comptait à la fin des Ming (XVIe siècle), pas moins de 81 lignages. Un chiffre hautement symbolique qui donne toutefois l'idée, si ce n'est d'une diversité radicale, à tout le moins de variations évidentes. Il faut s'imaginer des traditions taoïstes ancrées localement, brodant abondamment sur un canevas commun et présentant des différences notables. Celui que d'aucuns appellent le pape du taoïsme, issu de la famille des Zhang, héritière de Zhang Daoling, fondateur de l'Église taoïste au IIIe siècle de notre ère, n'a pas la puissance ecclésiale ou coercitive de son homologue en Occident : depuis le XIe siècle, il distribue, certes, des certificats d'ordination et c'est à lui que l'on fait référence, mais les traditions, les lignages sont plus forts. De nos jours, on s'ingénie à ne voir que deux grands courants, celui de l'« Un orthodoxe » *(Zhengyi)*, composé de prêtres laïcs, et celui de l'« Authencité parfaite » *(Quanzhen)*, un ordre monastique. Au sommet, se trouve l'Association taoïste de Chine, créée en 1957, reflétant cette vision dualiste et s'efforçant d'homogénéiser, le taoïsme, à grands renforts d'écoles de formation et de publications estampillées. Mais, derrière cette systématisation de façade – pour tout dire aseptisée – se cache une réalité tout autre, infiniment plus complexe. Si, à Taiwan et à Hong-Kong, le taoïsme et les mouvements religieux en général ont perduré sans anicroches particulières, il n'en fut pas de même sur le continent, notamment pendant la Révolution culturelle où les taoïstes furent « rééduqués », et virent l'éradication quasi systématique de leurs lieux d'exercice.

La continuité, de l'autre côté du détroit, n'a pas été non plus synonyme d'immutabilité, la modernité a changé les rituels taoïstes, des micros, des claviers électriques ont fait leur apparition... De même sur le continent, on peut interpréter le retour du taoïsme – avec les autres formes religieuses –, à partir des années 1980, comme le résultat d'une réinvention de la tradition, où la mémoire, et sa défaillance pendant plus de trente ans, conduit à des simplifications. Mais il y a aussi une formidable continuité, assurée par des transmissions souterraines, de phénomènes voués eux aussi, *in fine*, à l'intervention de la modernité : ainsi certains rituels ne se pratiquent plus, non pas tant à cause d'un oubli, qu'à cause de l'absence de demandes.

On dit souvent que la « religion » chinoise est une ritualité sans religion. On ne demande pas aux fidèles ou aux commanditaires de rites de faire la preuve de leur foi, ils ont la liberté de s'adresser indifféremment à un ou plusieurs spécialistes du religieux. De ce point de vue, la « religion » chinoise repose, avant tout, sur l'accomplissement de rituels, comme à l'époque gréco-romaine, où la *religio* consistait à respecter les règles du culte, indépendamment de la foi. Qu'est-ce donc finalement qu'un rituel taoïste, si ce n'est précisément un ensemble de règles mises en œuvre dans le culte, un culte qui crée les dieux et non l'inverse ?

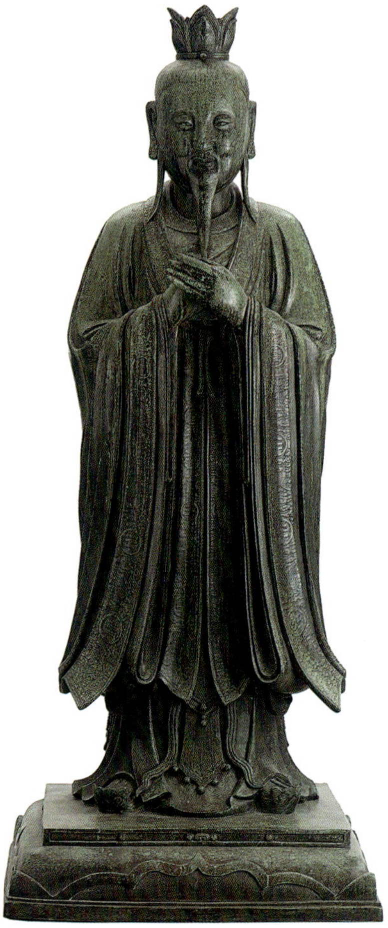

CI-DESSUS
Statue de prêtre taoïste
Dynastie Ming, XVIe siècle. Bronze moulé et traces de dorure, 174 cm de haut. The Boston Museum of Fine Arts.

CI-CONTRE
Le temple des Nuages Blancs à Pékin
© AP/SIPA.

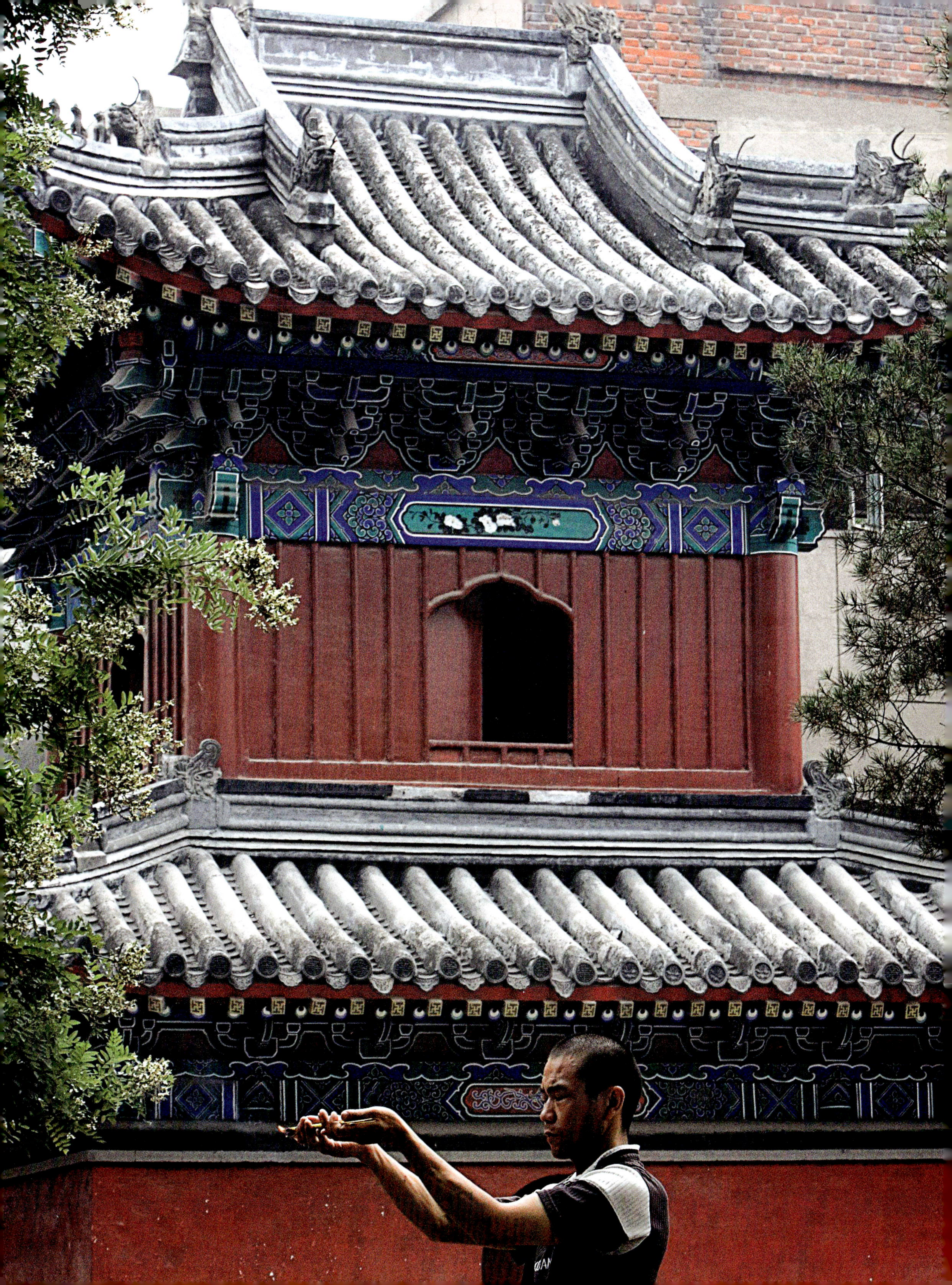

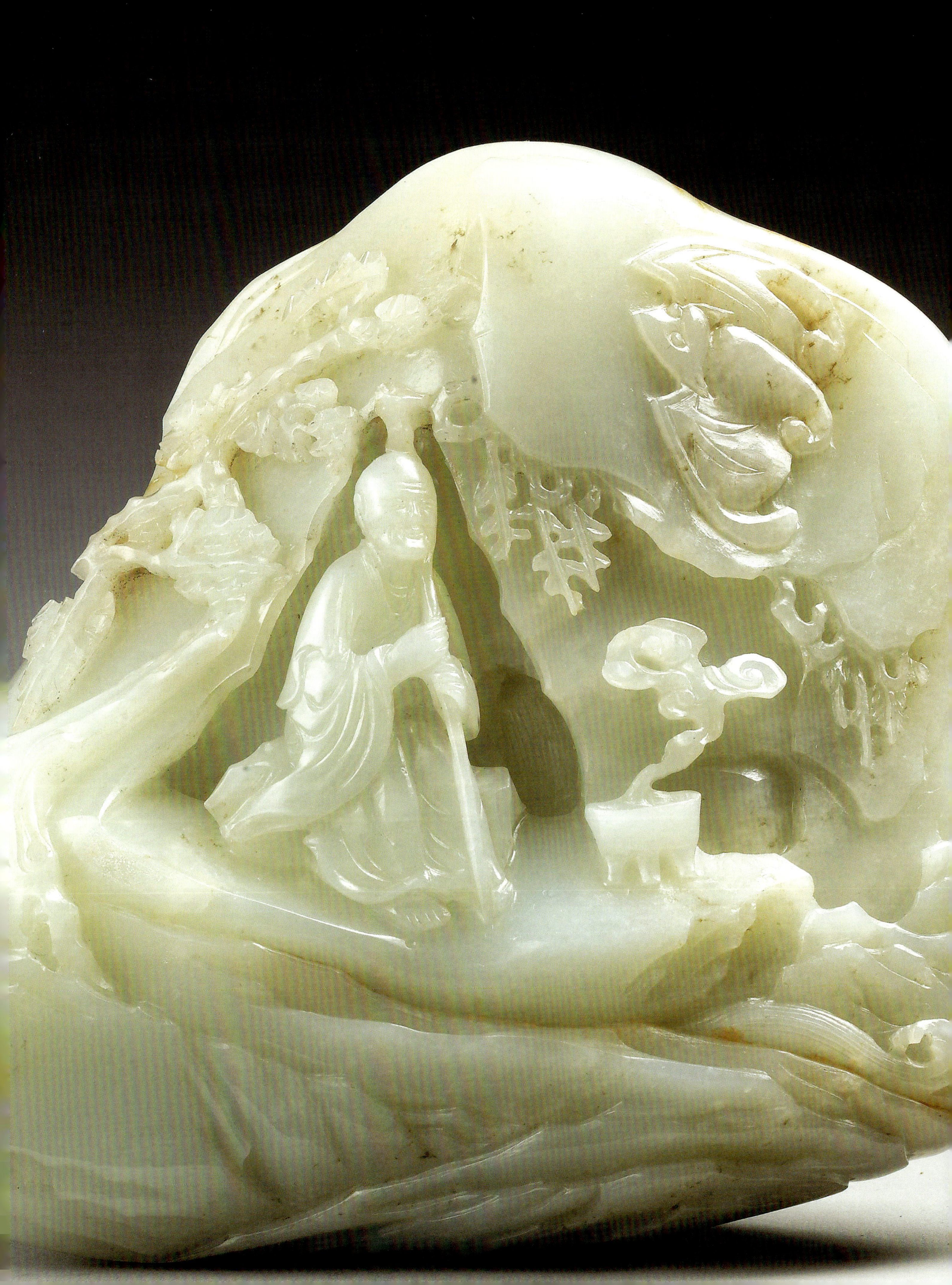

Alchimies, élixirs et quête des paradis

PAR CATHERINE DESPEUX
Professeur émérite à l'Institut national des langues et civilisations orientales

La longévité est un rêve partagé par tous les Chinois. Pour les taoïstes, la longévité ne suffit pas, le salut est une immortalité, spirituelle ou physique. Trouver le Dao, la Voie, c'est acquérir la liberté de l'errance hors des limites de ce monde, voyager dans le vide de l'espace où les divers souffles et nuées sont, en réalité, des formes éthérées d'Immortels et autres êtres divins peuplant ces paradis des hautes sphères célestes. Pour qui sait scruter le ciel, les nuages cachent des dragons ou des phénix chevauchés par des Immortels et Immortelles.

Pour accéder à ces mondes, rien ne vaut la montagne dont le sommet se perd dans les brumes. Leur représentation picturale, notamment dans les peintures de paysages des Song et des Yuan, suggère la légèreté de la matière qui incite à l'ascension. Quand on y regarde de près, on découvre, sur un pic rocheux ou au détour d'un chemin, un homme, en tout petit, qui donne par sa présence tout son sens à la montagne. Pilier entre le ciel et la terre, elle est un lieu de passage privilégié vers les paradis, un lieu peuplé d'esprits, d'ermites taoïstes et de lettrés qui, occasionnellement, s'y retirent, en quête du salut. Dans ces grottes, l'ermite reste à l'abri de l'agitation mondaine. Là, il se blottit dans la matrice de sa mère, la terre, il se transforme pour renaître en un corps de lumière et accéder aux paradis. Lieu de passage vers la transcendance, la grotte recèle une magie qui est magnifiquement illustrée par *La Source aux fleurs de pêcher,* texte du poète et lettré retiré Tao Yuanming (365 ou 372-427 avant notre ère). L'histoire est la suivante : un jour, un promeneur arrivé à la source d'une vallée bordée de pêchers passe par un étroit goulot dans une grotte qui débouche, de l'autre côté, sur un lieu coupé du monde ordinaire, un véritable paradis. Le promeneur passe dans ce lieu un moment délicieux, mais ne doit en révéler le chemin à personne. Ce thème, emblématique de la quête taoïste, a inspiré nombre de peintres, des Song aux Ming.

La montagne est aussi le lieu rêvé pour s'adonner, à l'abri des regards, à l'alchimie opératoire, science des transformations permettant de faire de l'or, mais aussi de fabriquer un élixir d'immortalité à partir de minéraux et de plantes. Des substances fort coûteuses et toxiques comme le cinabre, le réalgar, le plomb ou le soufre sont chauffées dans un chaudron à un régime de feu difficile à régler pour lequel une surveillance de chaque instant est nécessaire. Ge Hong (env. 281- env. 341), lettré du sud de la Chine, se ruina, comme bien d'autres, pour acheter ces précieuses

Ermite dans une grotte
Non daté. Néphrite sculpté, 12,5 cm de haut. Musée des arts asiatiques Guimet, Paris. © RMN/Franck Raux.
Représentation d'un Immortel face à un chaudron d'où s'échappe une fumée en forme de *lingzhi,* le champignon d'immortalité.

« SEUL LE SAGE PEUT APPRÉHENDER LE SANS-FORME, ENTENDRE CE QUI N'A PAS DE SON, CONNAÎTRE LA PLÉNITUDE DU VIDE ET FAIRE EN LUI-MÊME LE NÉANT. »

(« Les Quatre Canons de l'Empereur Jaune »)

substances. Il essaya de convaincre les lettrés que la poursuite de l'immortalité par l'alchimie était possible et constituait un but honorable. Il alla jusqu'à déménager sur les monts Luofu près de Canton pour se procurer plus facilement le précieux cinabre. Mais à ces minéraux toxiques et coûteux, certains préfèrent les simples ou les champignons d'immortalité, tel le *lingzhi* aux formes étranges. Pour acquérir la légèreté des Immortels et pouvoir voler, ils cherchent à se nourrir uniquement de souffle, grâce à des méthodes d'abstinence d'aliments ordinaires, remplacés par des graines, racines et herbes diverses. Ainsi, dans la montagne, les cueilleurs de simples grimpent les sentiers sinueux et les falaises escarpées à la recherche des plantes capables de guérir ou de prolonger la vie

L'alchimie intérieure

Tao Hongjing (456-536) est un célèbre taoïste du courant de la « Pureté supérieure » *(Shangqing)* dont le centre était alors les monts Mao près de Nankin. Il s'exerçait, depuis son ermitage, aux diverses techniques de concentration et de visualisations méditatives pour parvenir au ciel de la « Pureté supérieure », mais aussi à l'alchimie et aux diètes taoïstes. Grand spécialiste des plantes, il est l'auteur d'une pharmacopée regroupant près de 700 substances. Il fut l'ami et conseiller de l'empereur Wu des Liang, qui régna de 500 à 537 et qui, bien que fervent bouddhiste, n'en dédaigna pas les conseils de longévité de son ami Tao. Mais pourquoi se ruiner et se fatiguer ainsi alors que l'élixir d'immortalité est potentiellement contenu en chacun de nous ? Le corps est, en effet, le lieu de la transformation de soi et de l'accès aux paradis. L'élixir de longévité, par mégarde délaissé, se trouve déjà dans le corps et quand l'ambroisie coule dans la gorge, les énergies céleste et terrestre du corps s'unissent et donnent naissance au bourgeon de la plante d'immortalité. Le retrait en des lieux sauvages est, ici, remplacé par le retrait dans ce corps-montagne, véritable microcosme, avec son soleil, sa lune, son étoile polaire, sa végétation, ses cours d'eaux, ses océans et ses dieux. Le corps s'allège, s'assouplit, est parcouru de « souffles » (en chinois *qi* ou *ch'i*) qui, telle la brume, s'insèrent dans tous les interstices du corps et le fondent à tout l'univers. Couché sur le côté ou assis en méditation, l'adepte taoïste entre en soi pour un voyage intérieur dans l'oubli de soi, yeux mi-clos.

« *Par la contemplation intérieure, recueillez l'esprit* yang,
Affinez votre esprit afin qu'il s'élève au-dessus de la cour intérieure.
Il bondit vers le haut et sort par la porte céleste [tête]
Parvenant directement au stade de la sainteté.
Il entre, il sort, il va et vient, sans erreur,
Il va, il vient, sans se perdre dans les distances.
S'il veut rester dans le monde,

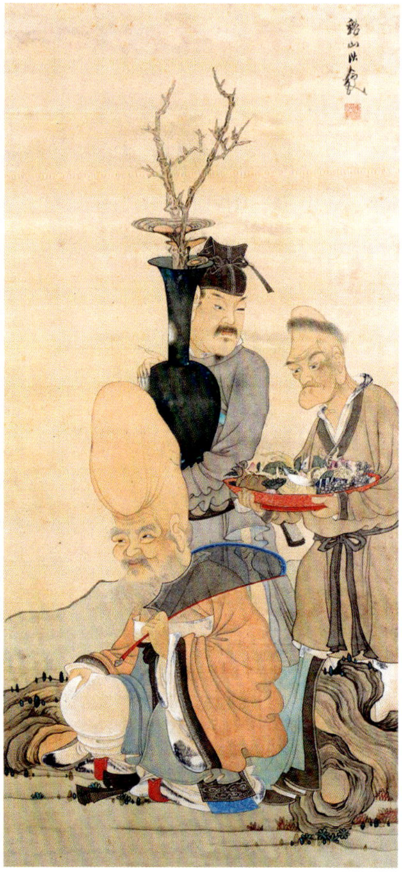

CI-DESSUS
Chen Hongshou (1598-1672)
***Shouxing et ses assistants* (détail)**
Dynastie Ming. Encre et couleurs sur soie, 129 x 68 cm.
Musée des arts asiatiques Guimet, Paris.
© Rmn /Thierry Ollivier/Presse.
Shouxing, « étoile de longévité », est toujours représentée avec une haute protubérance crânienne, signe de longévité.

CI-CONTRE
***Neijing tu*, carte illustrant la circulation intérieure dans le corps humain**
XXe siècle, dynastie Qing (1644-1911).
Encre, 172 x 68 cm. Ethnologisches Museum, Berlin.
Photo BPK, Berlin, Dist RMN/Martin Franken.

内經圖

祝 三界堂主參道留念

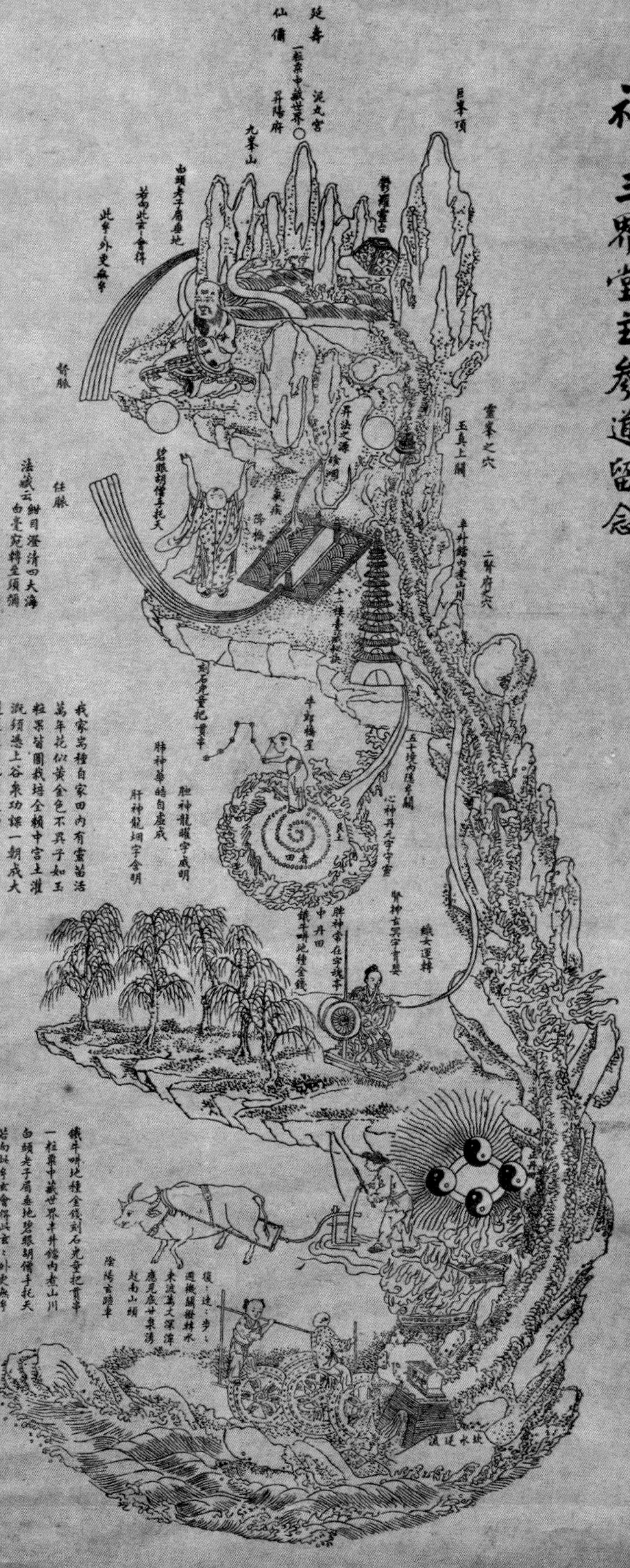

歲次壬寅仲夏吉旦

台湾省道教會理監事會敬贈

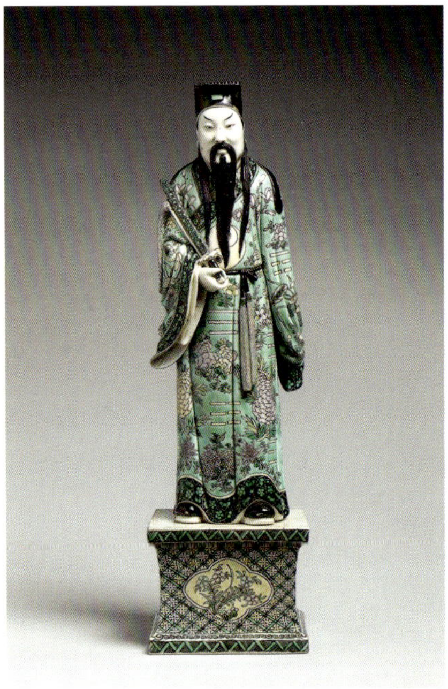

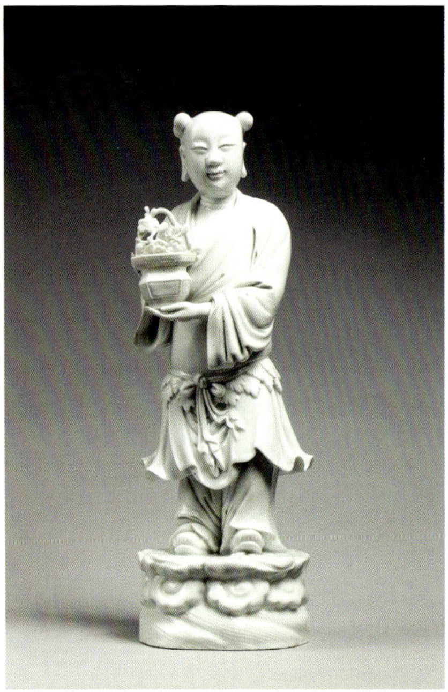

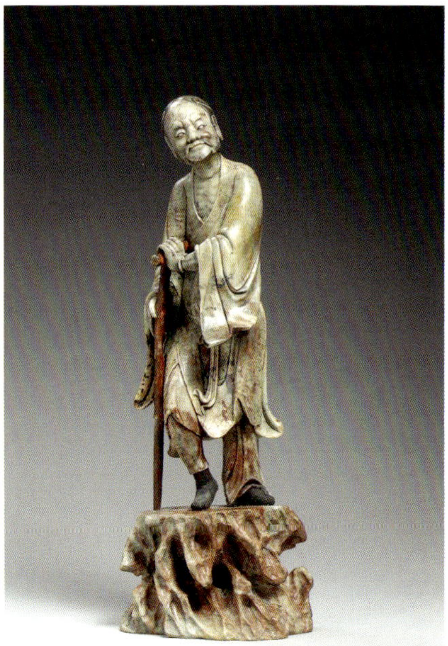

Il demeure au corps, uni.
S'il veut devenir immortel, il se promène aux îles Penglai.
Seule, la contemplation intérieure donne accès à la délivrance. »

Le culte des Immortels

Car l'immortalité est accessible à tous. Si les Immortels peuplent les dix îles Penglai, Fangzhang et Yingzhou dans les mers de l'Est ou les monts Kulnun, paradis de l'Ouest sur lequel règne la Reine Mère de l'Ouest (Xiwangmu), ils sont aussi cachés dans le monde sous des aspects très ordinaires. Ce sont des individus ayant existé, d'origine modeste ou impériale, aux comportements des plus divers. Le groupe des huit Immortels, connu de tous en Chine et souvent représenté ou mis en scène dans la littérature, est, à cet égard, édifiant. Zhongli Quan, représenté un éventail à la main grâce auquel il peut ressusciter les morts et Zhang Guolao, célèbre magicien des Tang, patron des peintres et calligraphes, sont vénérés pour leurs pouvoirs. Hanxiang zi, neveu du célèbre lettré Han Yu des Tang, patron des musiciens, et Cao Guojiu, protecteur des acteurs, jeune frère d'une impératrice, étaient de noble origine ; Li Tieguai ou Li à la canne de fer, vieux mendiant hirsute possédant une gourde remplie d'élixir et patron des malades, comme Lü Dongbin, poète facétieux, redresseur de torts et patron des prostituées, soulagent les maux des plus démunis ; Lan Caihe, débraillé, réputé pour son ivresse, a des traits profondément humains ; quant à He Xiangu, la seule femme du groupe, elle est vénérée par les femmes taoïstes. On dit que, chaque année, ces Immortels se rendent au festin de pêches d'immortalité de la Reine Mère de l'Ouest.

La recherche d'immortalité se fait donc à travers des pratiques extrêmement variées : exercices spirituels et méditations, rituels, exorcismes, prières, soins du corps et régimes diététiques, ingestion de drogues d'immortalité, pratiques de visualisation de souffles ou des dieux en soi. La quête de longue vie est un véritable parcours en soi-même, dans l'unité du corps et de l'esprit.

CI-DESSUS, DE GAUCHE À DROITE

L'Immortel Lü Dongbin
Biscuit, 36 cm de haut.

Lan Caihe, un des huit Immortels
Porcelaine, 35 cm de haut.

Li Tieguai
Stéatite, 50 cm de haut.
Dynastie Qing (1644-1911) pour les trois statuettes.
Musée des arts asiatiques Guimet, Paris.
©Rmn /Thierry Ollivier/Presse.

Trois échantillons d'Immortels : le lettré Lü Dongbin, le mendiant, aux traits sexués indéfinis, Lan Caihe, et le mendiant boiteux Li, à la canne de fer.

CI-CONTRE

Jarre à décor d'Immortels
Règne de Kangxi (1662-1722).
Porcelaine, 36,9 cm de haut. Musée des arts asiatiques Guimet, Paris. © RMN/Thierry Ollivier.

Les huit Immortels offrent leurs hommages à Shoula. Chacun d'eux se reconnaît à ses attributs.

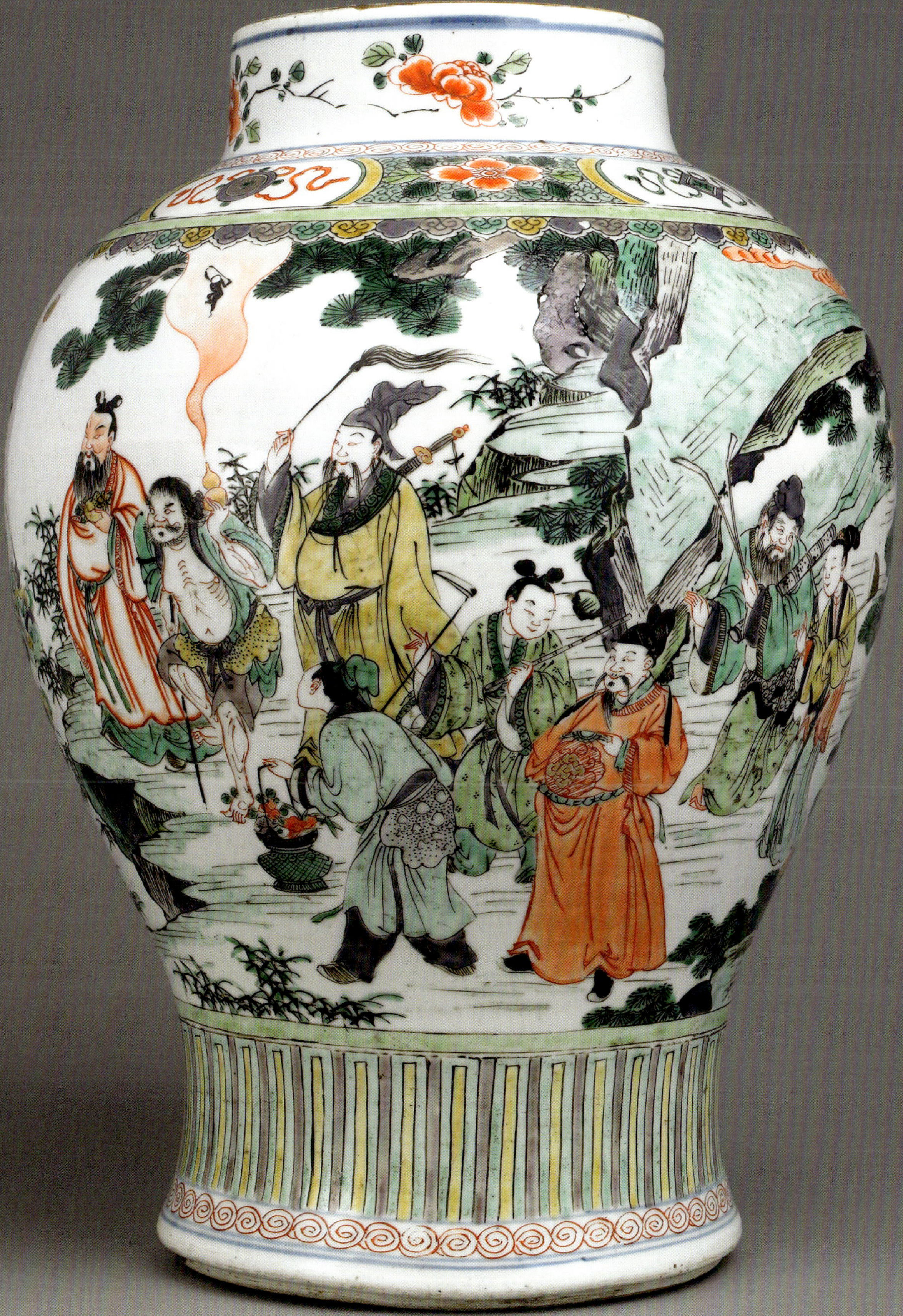

MONTAGNES ET RIVIÈRES :

PAR BÉRÉNICE GEOFFROY-SCHNEITER

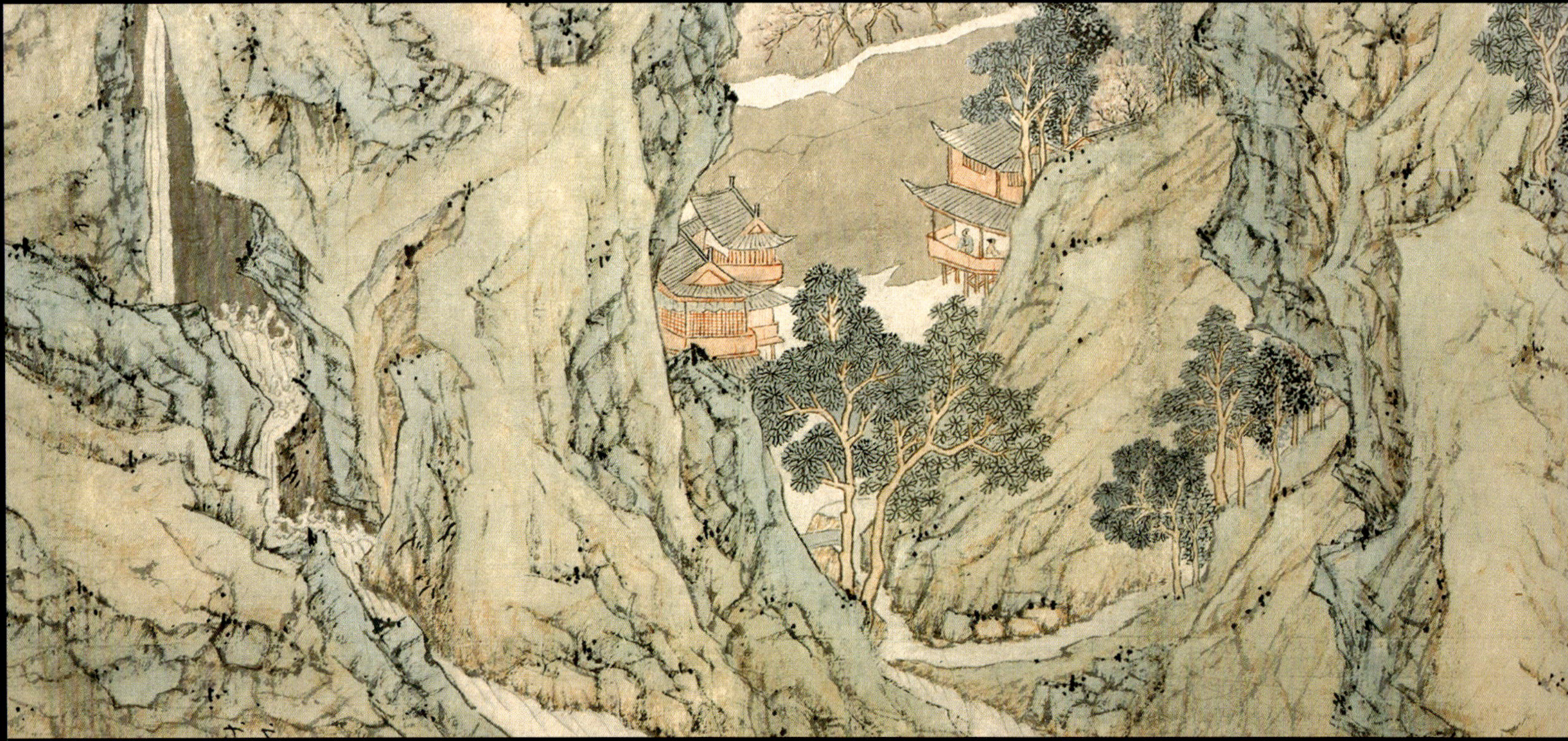

Peinture et poésie sont, en Chine, sœurs jumelles. L'une et l'autre s'inspirent, se fécondent, tissent des correspondances subtiles entre l'art de tracer et l'art d'énoncer. Un même souffle lyrique les traverse, une même sensation d'audace et de liberté. C'est sans doute ainsi qu'il faut déchiffrer ces longs rouleaux de peinture de paysages qui exaltent, sur du papier ou de la soie, l'un des thèmes les plus chers à la pensée taoïste : le repli dans l'anfractuosité protectrice de la montagne, lieu de méditation par excellence. On devine ainsi, au détour de ces chemins escarpés et sinueux, la figure du vieux sage ou du lettré accomplissant son ascension, tant géographique que spirituelle. Exalté par le format vertical, l'étagement des sommets n'est-il pas censé happer le spectateur, absorbé dans cette « promenade de l'esprit » qu'est toute contemplation ? Mais, au-delà de la symbolique religieuse, c'est la somptuosité onirique des paysages traversés qui transporte le regard. « Partitions musicales traversées de vides et de pleins » (pour reprendre une expression chère à François Cheng), visions édéniques dont le souffle cosmique n'a rien à envier aux compositions romantiques d'un Caspar David Friedrich…

PAYSAGES METAPHYSIQUES

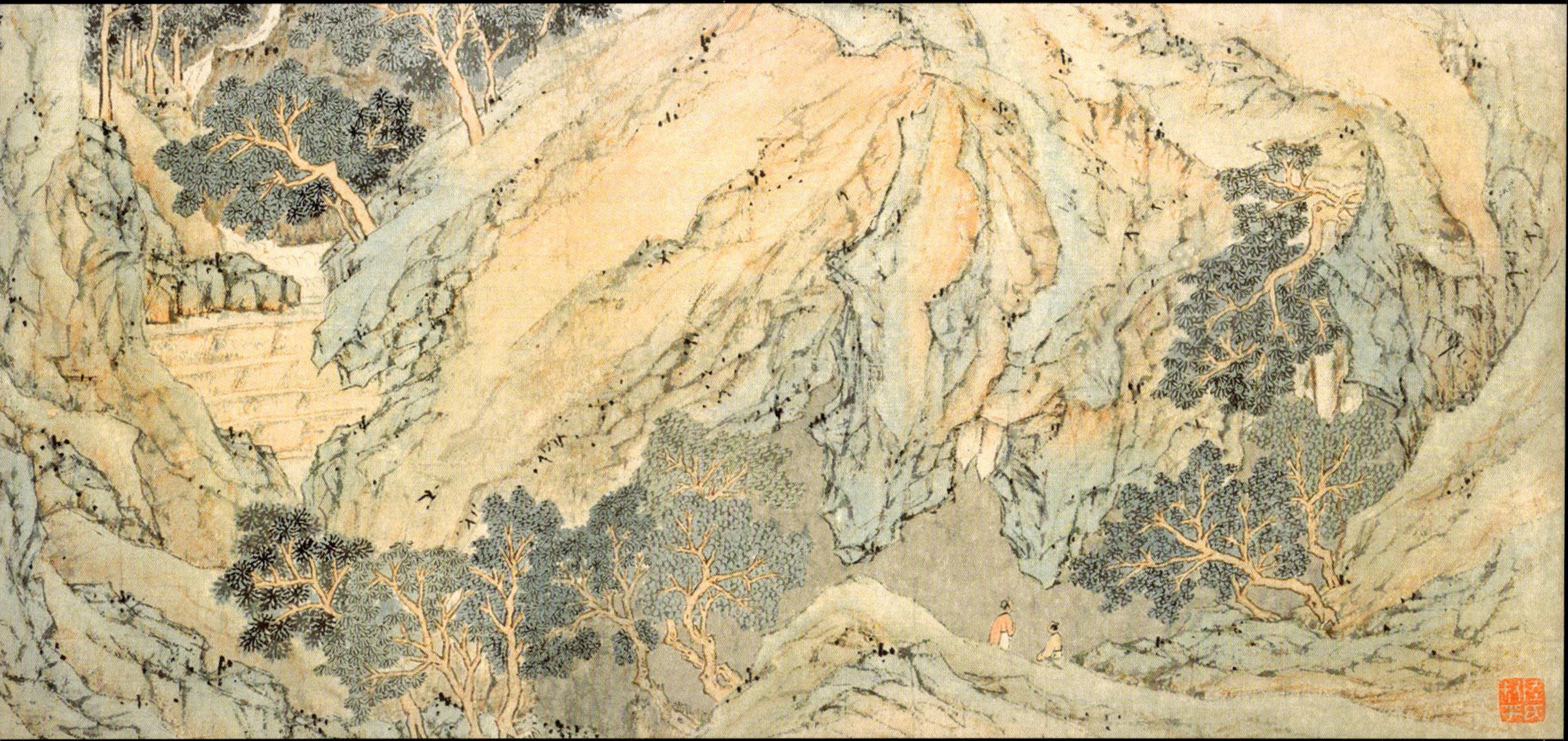

Champ de jade de Lantian

Par Lu Zhi

Époque Ming, 1549. Rouleau horizontal, encre et couleurs sur papier, 24,1 x 133,6 cm. The Nelson Atkins Museum of Art, Kansas City.

grandiose de la montagne, crainte et vénérée à la fois, lieu des confins, mais aussi axe

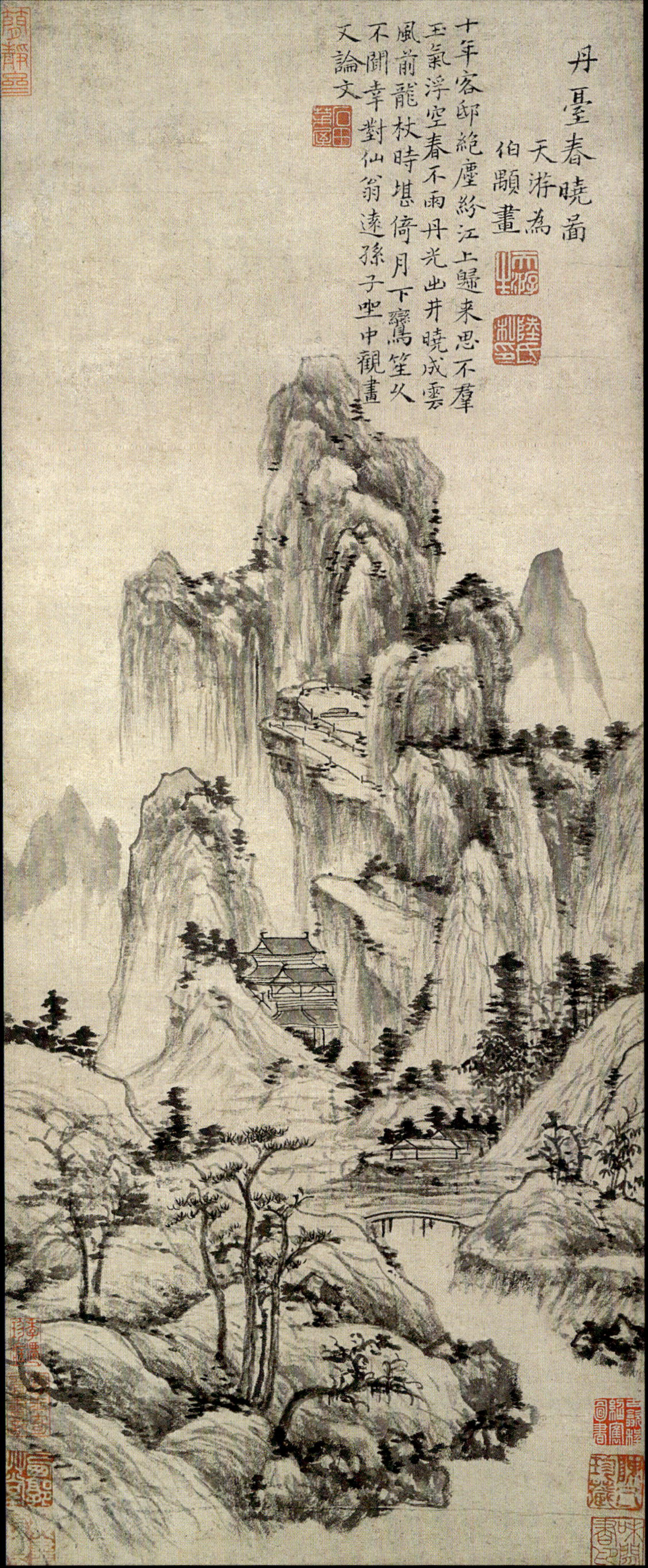

< Le bûcheron du Mont Luofu

Par Chen Ruyan

Époque Yuan, daté 1366. Encre sur soie, peinture monochrome, 106 x 53,3 cm. Cleveland Museum of Art.

Le Mont Luofu appartient à la géographie sacrée du taoïsme : c'est une des terres bienheureuses qui renferme, à elle seule, 36 grottes-ciels communiquant entre elles. L'œil se promène et s'égare dans cette magnifique soie monochrome aux allures de Paradis, à l'instar de ces Immortels accomplissant leur ascension mystique. Le Mont Luofu accueillera d'ailleurs en son sein de nombreux érudits, tel, au IVe siècle de notre ère, Ge Hong, qui fut célèbre pour sa bibliothèque et ses écrits.

Aube de printemps sur la terrasse de l'élixir >

Par Lu Guang

Vers 1369. Encre de Chine, 61,6 x 26 cm. The Metropolitan Museum of Art, New York. © Mctropolitan Museum of Art. Dist. RMN/Malcom Varon.

La terrasse de l'élixir est un thème récurrent de la pensée taoïste (voir double page suivante). Le peintre Lu Guang, s'affranchissant des séductions de la couleur, fait circuler le souffle du dao à travers ce paysage de montagnes, de grottes, de forêts et de cascades. Son paysage devient une véritable rêverie métaphysique.

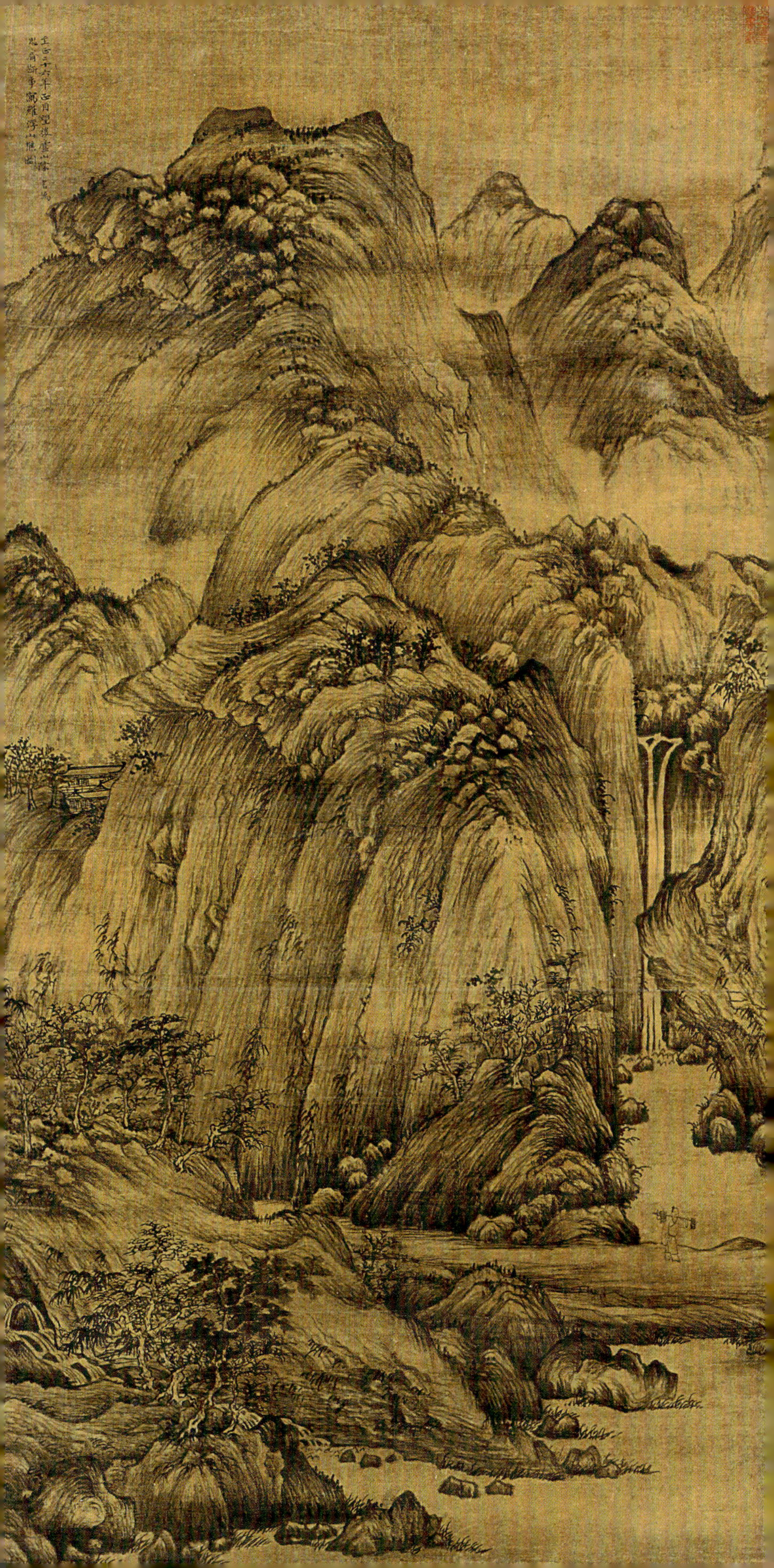

PRATIQUE LE NON-AGIR,
LAISSE FAIRE LE LAISSER-FAIRE,
SAVOURE L'INSIPIDE,
MAGNIFIE L'INFIME.

(Le Livre de la Vertu)

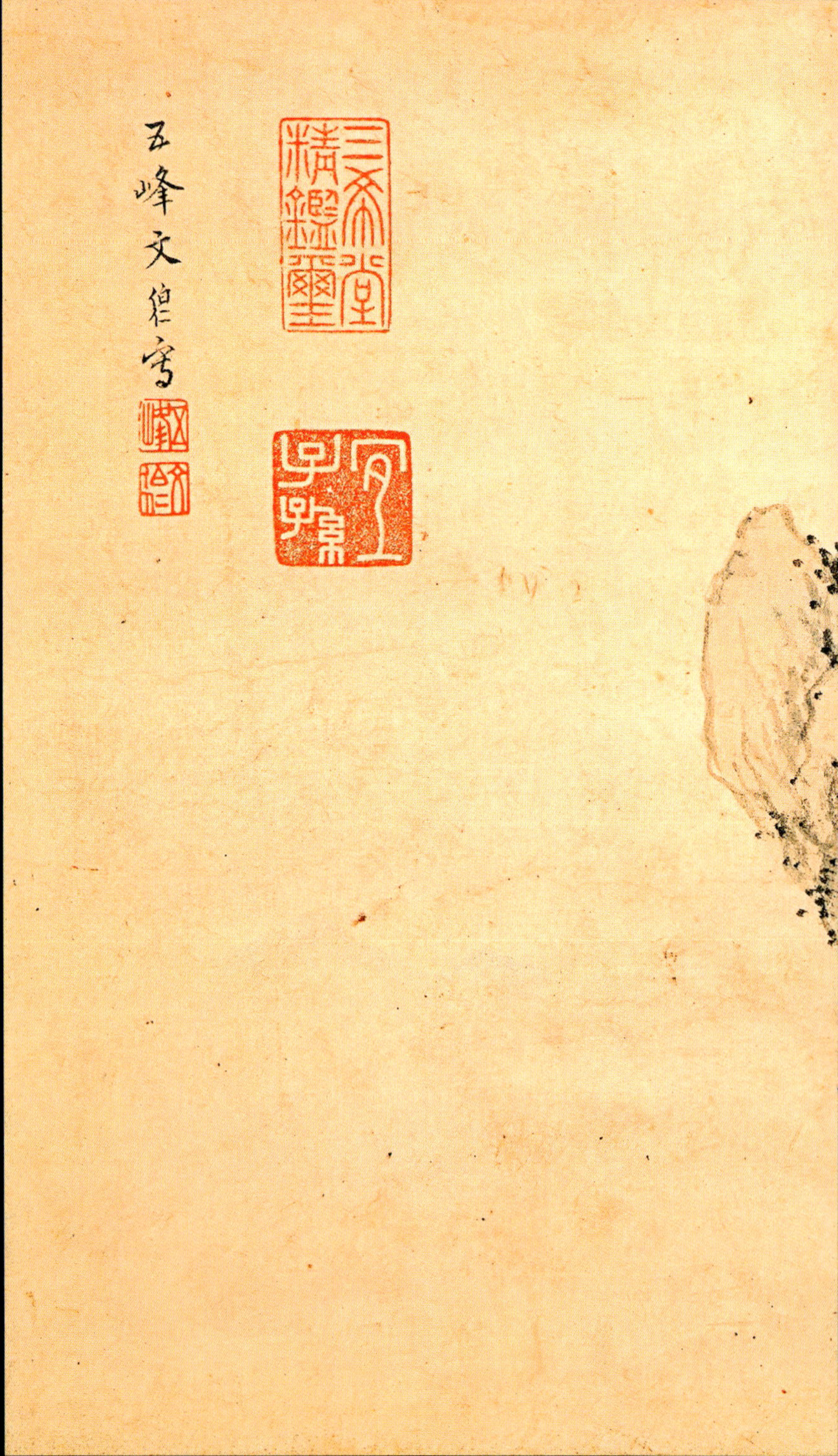

Aube de printemps sur la terrasse de l'élixir

Par Wen Boren (1502-1575)

Époque Ming. Rouleau horizontal,
encre et couleurs sur papier, 30,1 x 124,8 cm (détail).
Musée national du Palais, Taipei, Taiwan. .

Toute œuvre peinte est une quête de l'esprit. Dans une économie de moyens qui est en soi une ascèse, le peintre Wen Boren a réussi à transposer « plastiquement » le cheminement d'une méditation intérieure. L'image du méditant debout sur un rocher au-dessus des nuages, devant un chaudron qui fume, illustre par ailleurs un thème cher à la pensée taoïste et symbolise, sur un mode métaphorique, l'alchimie opératoire qui conduit à l'immortalité.

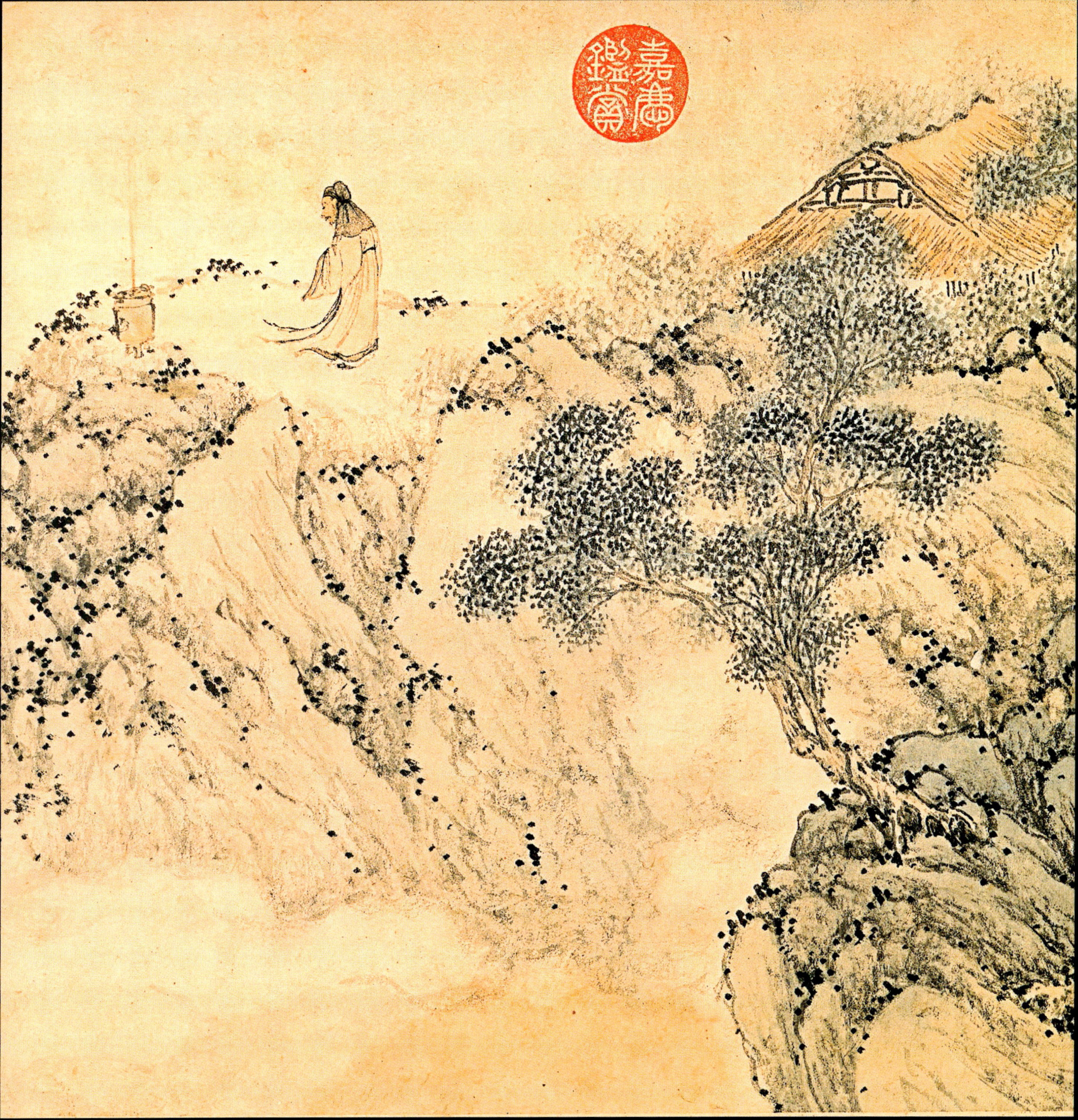
嘉慶鑑賞

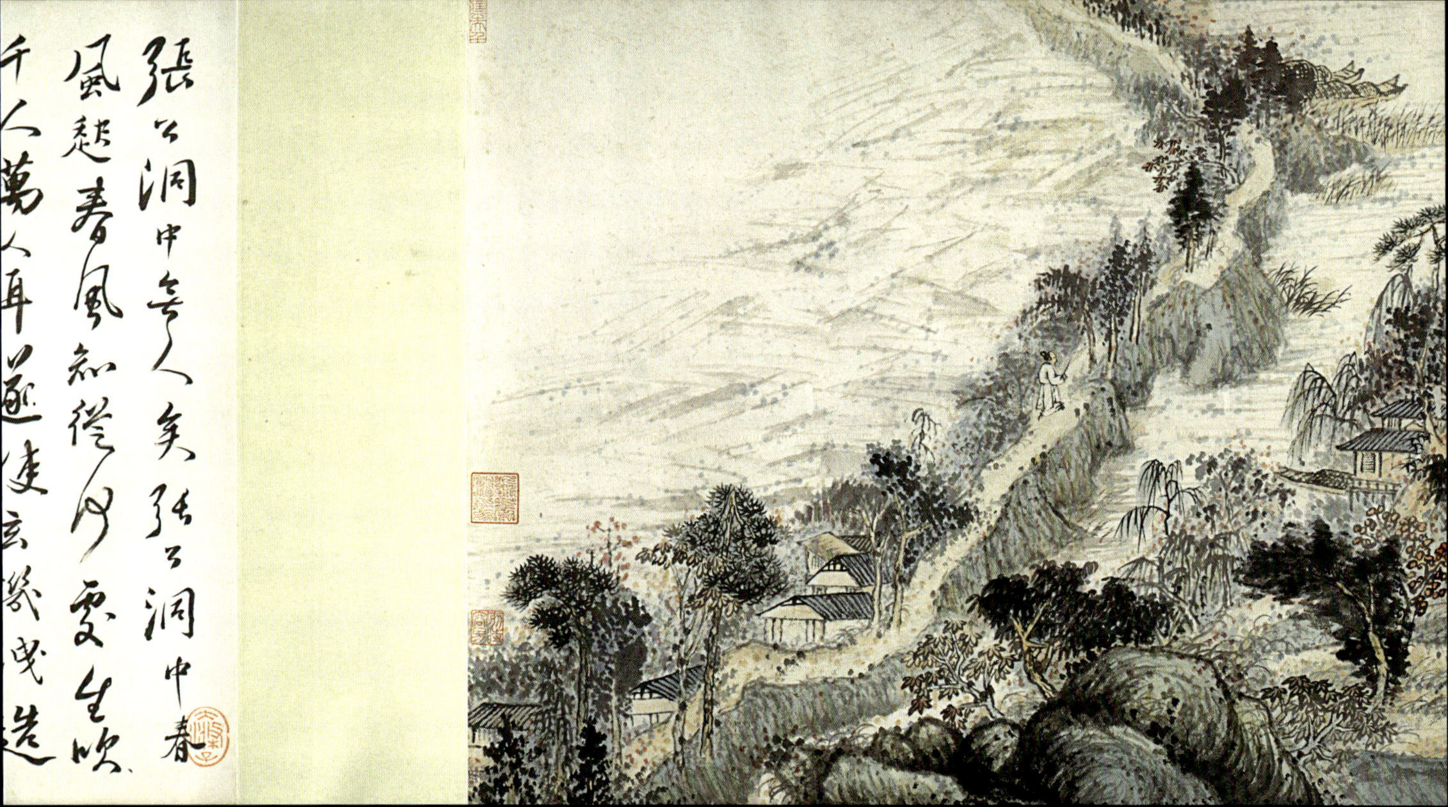

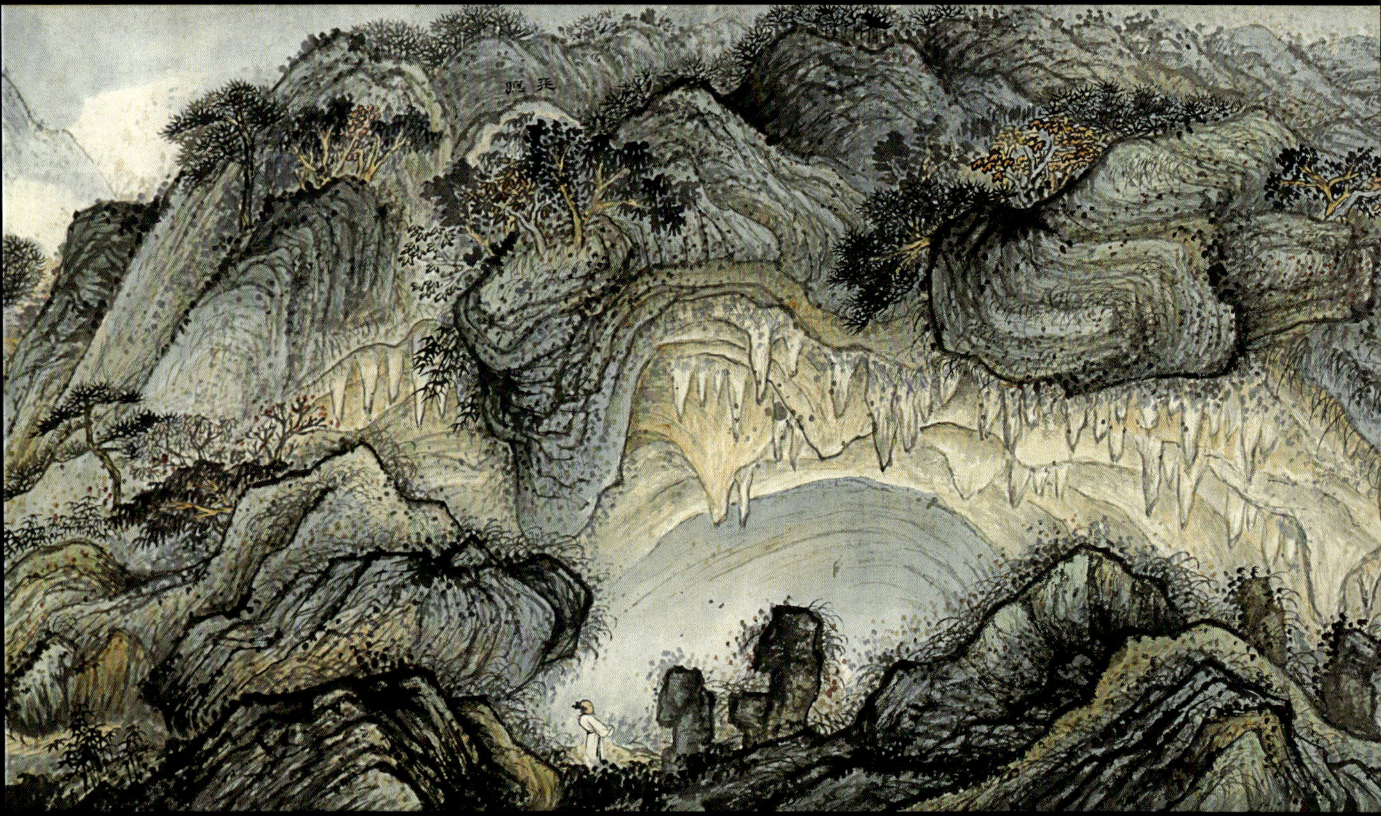

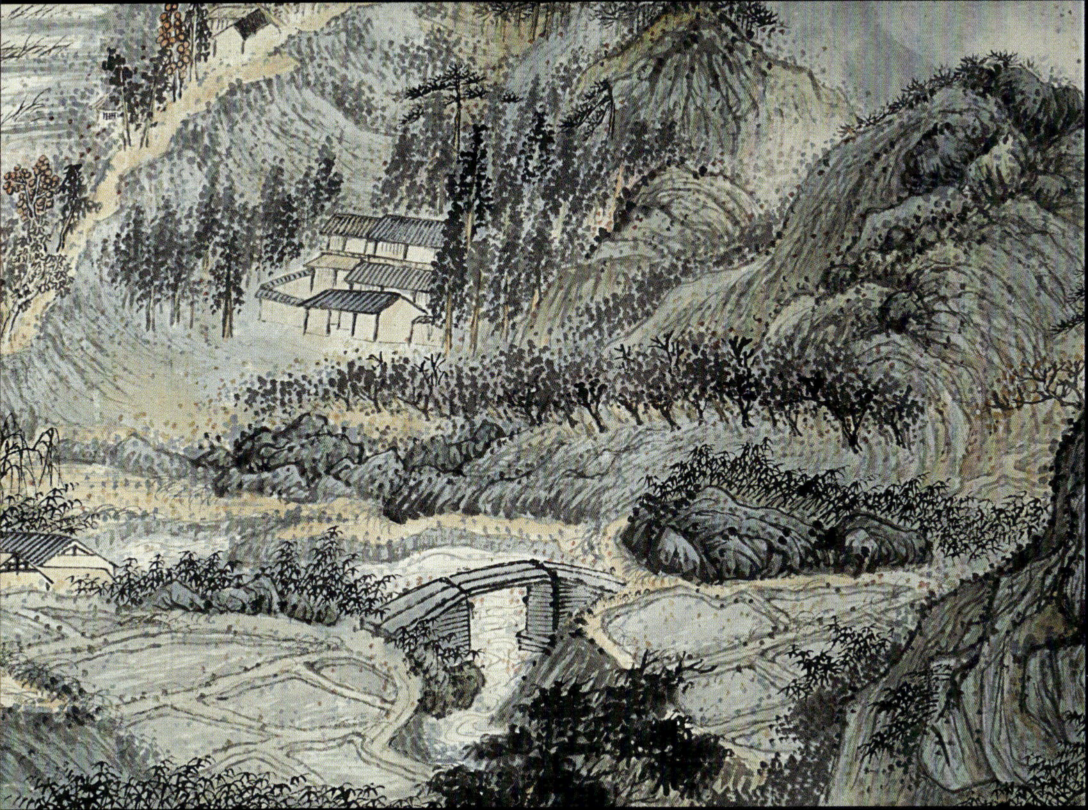

«SANS CHEVEUX NI COIFFE, JE NE POSSÈDE NON PLUS DE REFUGE OÙ FUIR : NE ME RESTE QU'À DEVENIR CET HOMME DANS LE TABLEAU, CANNE À PÊCHE À LA MAIN, PERDU PARMI LES ROSEAUX MOUILLÉS, LÀ OÙ, SANS LIMITE, TERRE ET CIEL NE FONT PLUS QU'UN.»

(Shitao)

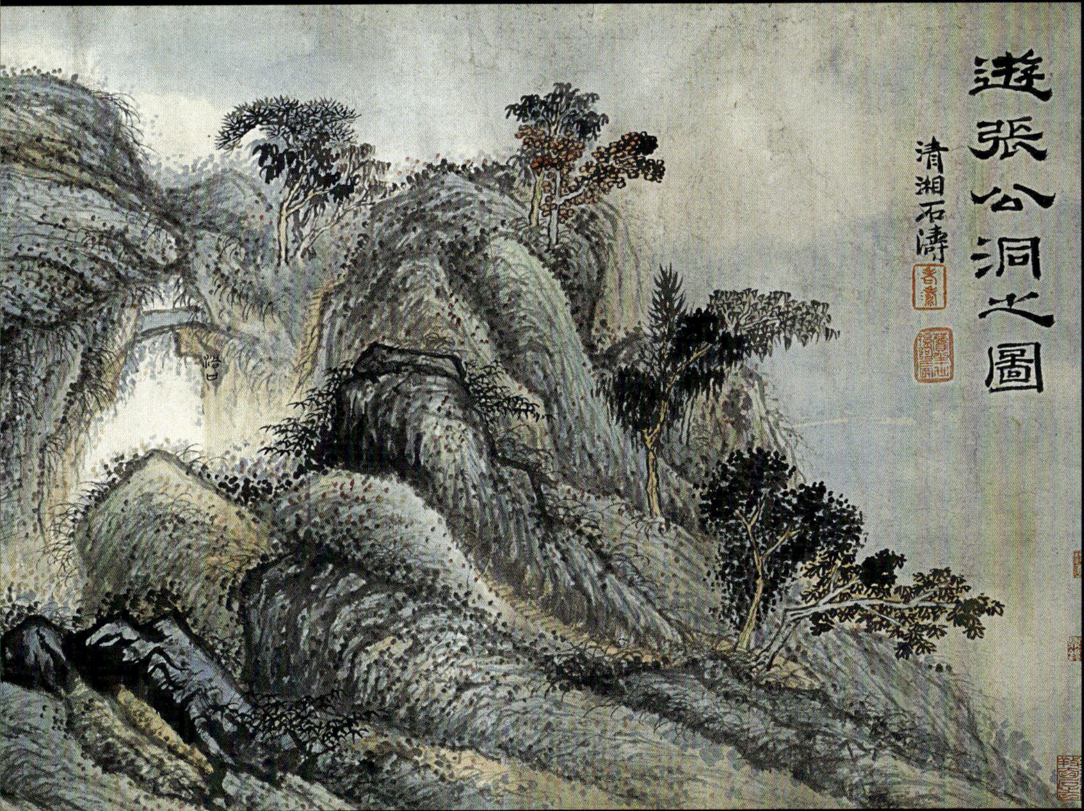

Grotte de Zhanggong

Par Shitao dit Daoji

Vers 1700. Encre, 45,7 x 286 cm. Coll. et © Metropolitan Museum of Art, New York. Dist. RMN/Image of the MMA.

«Je parle avec ma main, tu écoutes avec tes yeux», aurait dit le grand peintre Shitao. Sous la vivacité de ses coups de pinceau, la peinture de paysages atteint des sommets inégalés. Jeux de lumière, brisures de rythmes, ses compositions ont des allures de secousses sismiques. Tout n'est pourtant que douceur dans cette illustration du thème profondément taoïste de la «grotte-matrice». On y devine un petit homme – l'artiste ? – méditant à l'orée de cette cavité utérine, lumineuse et rassurante.

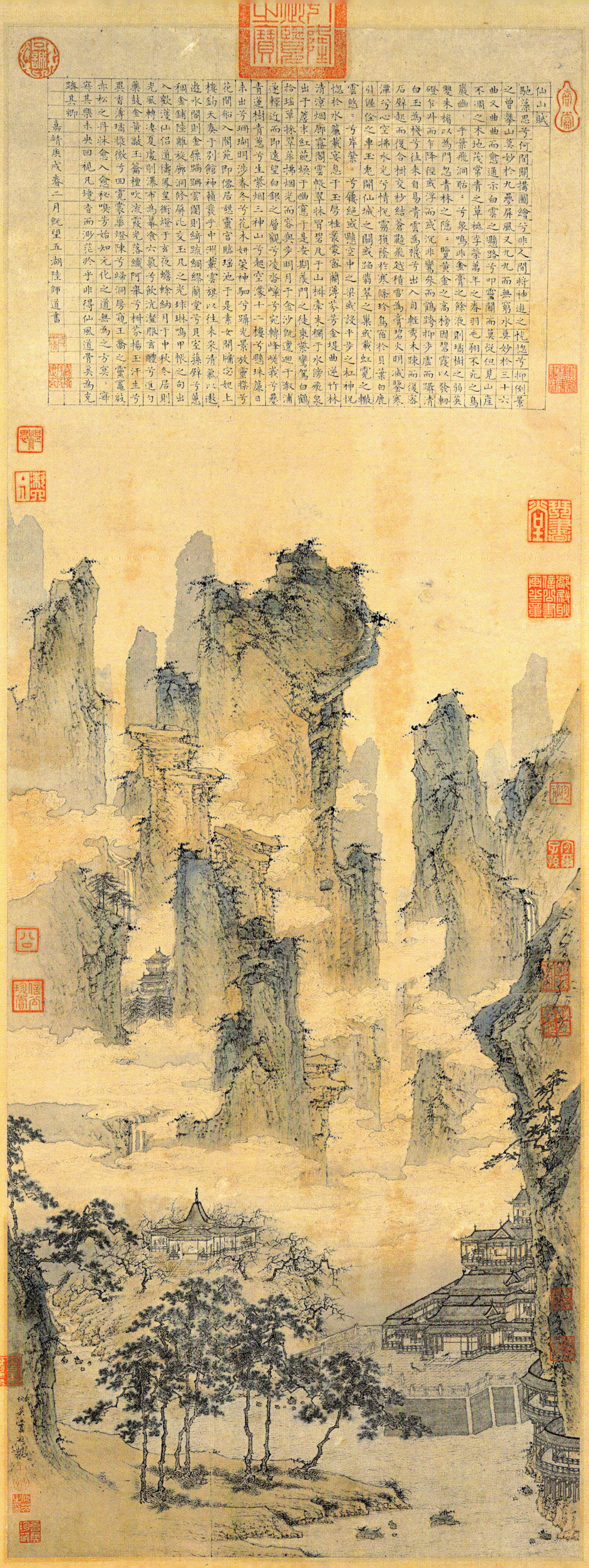
仙山賦
馳藻思兮何間關搆圖繪兮非人間將神遊之恍惚兮抑倒景之曾攀山莫妙於九疊屏風又九九而無窮水莫妙於三十六曲又曲曲而愈通示白雲之懸路兮叩靈關而莫從但見山崖不凋之木地茂常青之草桃李榮萬年之春羽毛翔不死之鳥巖幽〻兮葉飛洞牐〻兮泉鳴非金膏之餘液則瑤樹之弱英雙朱楯以為門忽青林之隱〻覽黃金之高榜因碧霞以發軔磴乍升而乍降徑或浮而或沉非鸞參而鶴跨抑步虛而躡清白玉為棧兮往來自易青雲為梯兮出入自輕秀木疎而復[illegible]石壁起而復合樹交杪結蒼龍飛越積雪為膏碧火明滅鑿寒潭兮心空拂水光兮情悅霧猶陰於寒條珍鳥宿於貝葉白鹿引遲徑之車玉兔開仙城之關或踏翡翠之巢或戴虹霓之轍雲悠〻兮岸縈〻兮嶮絕或懸空中之梁或設平步之杠神怳惚於水簾戴宴息于玉房桂叢蒙密蘭薄芬芳金堤曲逆竹林清涼烟廊霧閣雲帳翠林冒碧瓦于山椒牽朱欄于水湄飛泉出于簷末紅葩煥于幽窗于是安期羨門之徒乘紫鸞駕白鶴拾瑤草採翠華拂烟光而容與步明月于金沙既邅迴于溆浦遂釋近而即遠望白銀之層觀兮凌沓嶂兮宛轉峰巒巖兮疊青蓮樹青蔥兮生紫烟三神山兮起空濛十二樓兮懸珠簾日未出兮珊瑚明涉春冬兮花木妍榮神馳兮躡光景放靈[illegible]兮花間船入閬苑即儼居瑤靈宮臨瑤池于是素女開牖宓妃上樓鈞天奏于別館神韻發乎中洲叢雲旗以往來采清氣以遨遊水閣則金鑠蹁躚雲閣則綺疏綢繆蘭堂兮貝室蓀壁兮蕙裯金鋪陸離旋廊洞修屏比文玉凡之光球琳鳴甲帳之向出入歡漢仙侶道儔鳳皇銜燈于玄夜蟾蜍納月于中秋冬居則光風轉凄夏處則瀑布為幕食六氣兮飲流瀣服玄醴兮進勺藥鼓金簧敲玉籥撞吹流霞光落纖阿樂兮樹芬揚玉汗生兮異香薄橘燈徹兮四霓裳華燈陳兮歸洞房窺王喬之靈竈敬赤松之丹妹愈入愈秘嗅芳始知元化之道無為之方寞〻寥其樂未央回視凡境杳而渺茫於乎非得仙風道骨奚為克躋其鄉
嘉靖庚戌春二月既望五湖陸師道書

« Mais l'univers a-t-il jamais vieilli ? Verte est la montagne par-delà le ciel. »
(Shitao)

< Demeure des Immortels dans la montagne

Par Qiu Ying

Époque Ming. Rouleau vertical, encre et couleurs vives sur papier, 110,5 x 42,1 cm. Musée national du Palais, Taipei, Taiwan.

Le paysage se mue en apparition, la montagne devient fantomatique, l'homme n'est plus qu'un humble vermisseau… Profondément onirique, cet univers rejoint presque la grâce des lavis d'un Victor Hugo. On pense aussi au lettré Zong Bing qui rédigea le premier traité consacré à la peinture de paysages. Il y parle de « voyage allongé que permet la contemplation », de « randonnée par l'esprit qui s'approche de la sainteté » et « conduit au dao ».

Légende de la grotte de la source des fleurs de pêchers >

Par Liu Du

Daté 1650. Rouleau vertical, encre et couleurs sur soie, 136,7 x 52,2 cm. The Cleveland Museum of Art, Cleveland.

Cette peinture illustre un thème cher à la pensée taoïste : la découverte fortuite, par un pêcheur, d'un pays merveilleux où les pêchers sont toujours en fleurs… Hélas, le fonctionnaire à qui il parlera à son retour de cet éden miraculeux ne retrouvera jamais cet univers. Belle leçon pour celui qui tente d'approcher les terres des Immortels. Elles sont partout, mais on ne peut les atteindre que fortuitement…

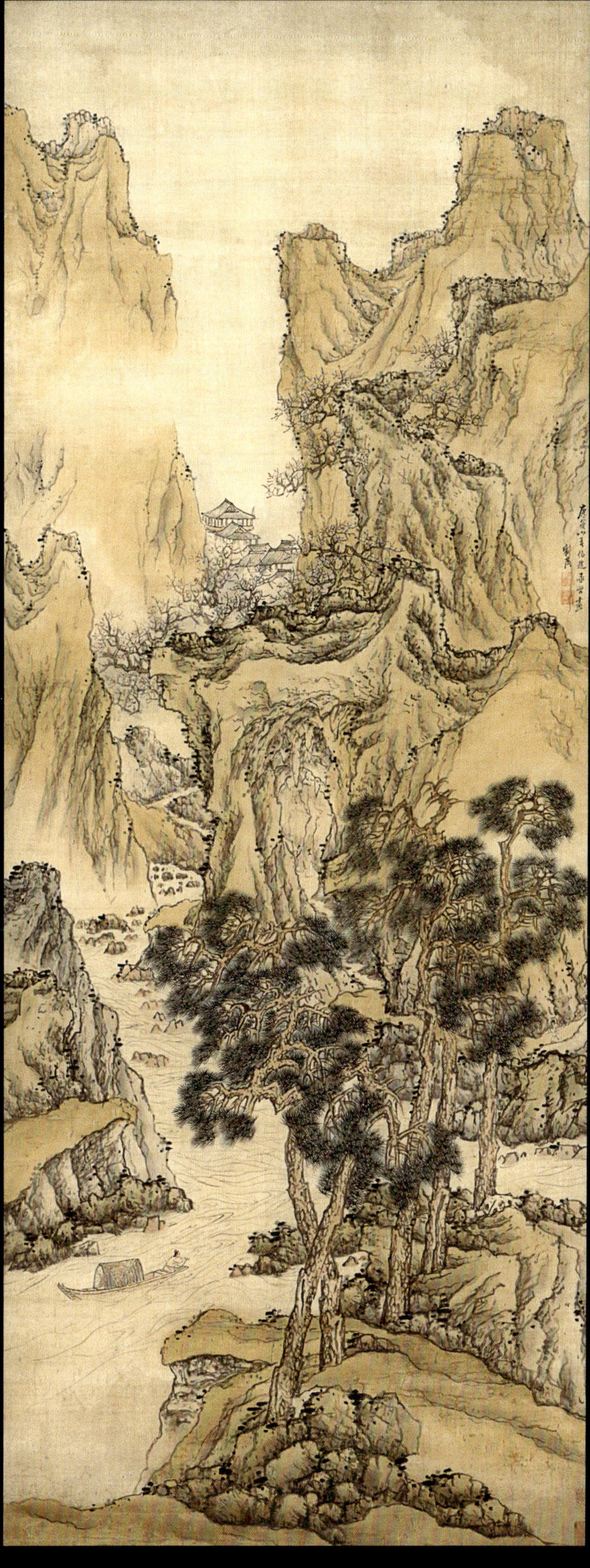

Le Daode jing

INTRODUCTION ET TRADUCTION PAR RÉMI MATHIEU

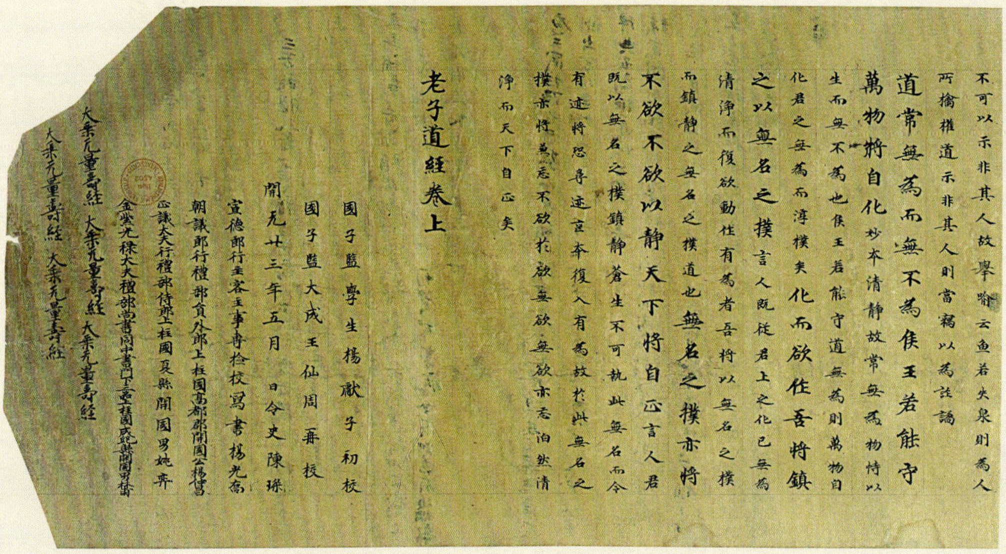

Le *Daode jing, Classique de la voie* de Lao zi
Dynastie Tang, VIIIe siècle (735). Fragment d'un rouleau horizontal. Encre sur papier, 25,8 x 118,7 cm. BnF, Paris.

Le plus ancien manuscrit connu de cette œuvre, qui passe pour fondatrice du taoïsme, date pour l'heure du IVe siècle avant J.-C. Selon l'habitude de ce temps lointain, il porte pour titre le nom de son auteur putatif : le *Lao zi.* Ce texte de cinq mille mots va bouleverser la pensée chinoise, non tant par sa forme insolite que par ses conceptions du monde. Écrit en vers, parfois rimés, il sera plus tard constitué de 81 chapitres, d'inégale longueur, scindé en deux parties *(dao* et *de)* et adorné d'un tardif titre emphatique, supposé livrer sa quintessence : le *Daode jing.* Au début de l'Empire, il est classifié comme « taoïste », terme contestable, puisque toutes les écoles de pensée se réfèrent au dao.

L'ouvrage porte les germes d'une formidable contestation du mode de pensée confucianiste dominant, lequel avait été, au Ve siècle avant notre ère, le vecteur de la révolution humaniste. *Lao zi* est le fils spirituel du *Yijing,* le *Classique des Changements,* antique ouvrage divinatoire à ambition philosophique tardive, auquel il emprunte son vocabulaire, et le fils indigne de l'idéologie lettrée. Il se fait le chantre d'une voie naturelle opposée à la voie culturelle de cette dernière. S'il suffit de faire corps avec cette « voie » (c'est le sens de *dao),* point n'est besoin de morale, de culture, de rite… ni même d'action, voire de parole. Ce livre, commenté depuis plus de deux millénaires, fascinant et complexe, recèle autant d'énigmes qu'il dit en résoudre, car la sophistication du message s'y dissout dans l'apparente simplicité du propos.

« La voie que la voix peut dire n'est jamais
la constante voie. Le nom que le nom
peut nommer n'est jamais le constant nom.
Le sans-nom est le commencement
du ciel et de la terre. Le qui-a-nom est la mère
des dix mille êtres. »
(Chapitre I)

La voie est vide.
Si l'on en fait usage, nul ne l'emplit à nouveau.
Oh ! Comme elle est abyssale !
Elle semble être l'ancêtre des dix mille êtres. […]
J'ignore de qui c'est l'enfant.
Elle est à l'image de ce qui fut avant le Di*.
(Chapitre IV)

* Première divinité.

[Le dao,] le regardant, on ne le voit pas.
On le nomme donc invisible.
L'écoutant, on ne l'entend pas.
On le nomme donc inaudible.
L'agrippant, on ne l'acquiert pas.
On le nomme donc insaisissable. […]
Illimité, on peut le nommer.
Il s'en retourne à nouveau au sans-êtres.
Il est appelé l'aspect du sans-aspect,
L'image même du sans-êtres.
Il est appelé confus et indistinct.
(Chapitre XIV)

Rompre avec la sainteté, abandonner l'intelligence,
Le peuple y trouve son profit au centuple.
Rompre avec l'humanité, abandonner l'équité,
Le peuple retourne à la piété filiale et à l'amour
parental.
Rompre avec l'habileté, abandonner le profit.
Les voleurs et les brigands disparaissent.
(chapitre XIX, extrait)

Connaître les autres, c'est être intelligent ;
Mais se connaître soi-même, c'est être clairvoyant.
Vaincre les autres, c'est être fort ;
Mais se vaincre soi-même, c'est être puissant.
Savoir se contenter, c'est être riche.
Avancer puissamment, c'est être volontaire.
Ne pas perdre sa place, c'est vivre longtemps ;
Mais mourir sans disparaître, c'est jouir de longévité.
(Chapitre XXXIII)

Si constamment la voie n'agit pas,
il n'est rien qui ne se fasse.
Si les seigneurs et les rois peuvent la préserver,
Les dix mille êtres vont se transformer d'eux-mêmes.
Si, une fois transformés, des désirs viennent à surgir,
J'y vais mettre un terme grâce à la simplicité brute du
sans-nom. Car, [si j'y vais mettre un terme grâce à] la
simplicité brute du sans-nom,
On n'aura plus alors aucun désir.
Sans désir, on accède à la sérénité,
Et le monde sous le ciel s'établit alors de lui-même.
(Chapitre XXXVII)

Le retour est le [mode de] mouvement de la voie.
La faiblesse est le [mode de] fonctionnement de la voie.
Les dix mille êtres du monde sous le ciel naissent de l'il-y-a.
Or, l'il-y-a naît de l'il-n'y-a-pas.
(Chapitre XL)

Le Dao génère l'un.
L'un génère le deux.
Le deux génère le trois.
Le trois génère les dix mille êtres.
Les dix mille êtres s'adossent au yin
et embrassent le yang ;
Combinant les souffles du vide, il fait en sorte
qu'ils s'harmonisent.
(Chapitre XLII)

Le Zhuang zi

INTRODUCTION ET TRADUCTION PAR RÉMI MATHIEU

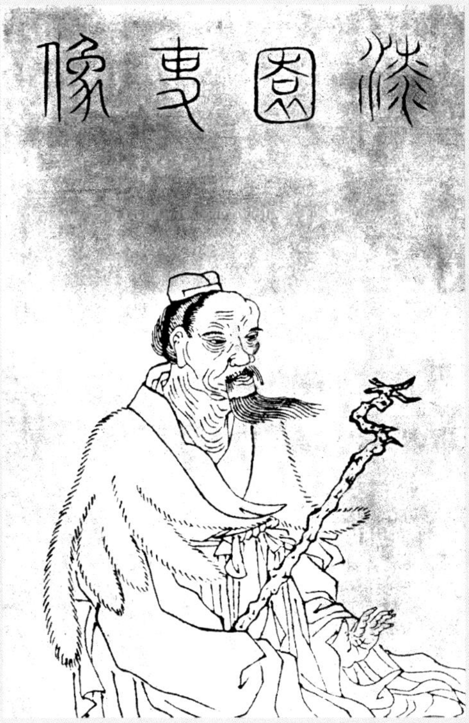

Zhuang zi
Gravure ancienne ©The Granger Collection, New York/Rue des Archives

Il est prudent de ne point lire le *Zhuang zi.* Ce grand livre, attribué à Zhuang zi (369-286 avant notre ère), constitué de chapitres dont beaucoup passent pour apocryphes (sept seulement sur 33 sont dits authentiques), n'apporte qu'un funeste enchantement. C'est une œuvre majeure de la pensée fondant, avec le *Daode jing* ou *Lao zi,* le taoïsme philosophique. Mais sa luxuriance stylistique est un fruit vénéneux : il n'apporte que relativisme, incertitude et trouble profond. Ses divagations parmi les forêts obscures, les fous, les monstres et les rêves illustrent le mystère du dao qui trame notre monde comme notre esprit.

Point de morale, si ce n'est celle qu'implique la leçon des fables qui forment le tissu du texte. Point de culture, car elle s'oppose à la spontanéité naturelle. Beaucoup d'ironie, de dérision, de provocation. On l'a dit taoïste, mais il eût été fort surpris d'être classifié, lui qui détestait la raison des sages qui découpe la réalité pour l'appréhender. Y a-t-il d'ailleurs une réalité, tant on la distingue mal du rêve ? C'est le plus iconoclaste des auteurs, ennemi du langage et de l'écrit, mais maître de la prose antique et inventeur des apologues. C'est le plus flamboyant des peintres du monde ; le paradoxe n'est-il pas, à ses yeux, le meilleur moyen d'exprimer l'inexprimable et de penser l'impensable ? Dès lors, peut-on affirmer quoi que ce soit, puisque vrai et faux ne sont que pures conventions ? Seul le corps ne ment pas, s'il exprime spontanément la nature conférée par le dao. C'est la seule vérité que maître Zhuang s'autorise à proclamer.

« Un jour, Zhuang zi rêva qu'il était un papillon, un papillon voletant çà et là, content de son sort et fort satisfait de lui-même, ne sachant pas qu'il était Zhuang zi. Lorsqu'il s'éveilla soudain, il s'aperçut, tout surpris, qu'il était Zhuang zi. Il ne comprit plus alors s'il était Zhuang zi ayant rêvé qu'il était un papillon ou s'il était un papillon ayant rêvé qu'il était un Zhuang zi. C'est que, entre un Zhuang zi et un papillon, il existe forcément une différenciation : [elle est due à] ce qu'on appelle « la transformation des êtres ».

(Chapitre II, final)

« Si notre vie est bornée, le savoir, lui, est sans borne. Or, c'est aller à la catastrophe que de subordonner le sans-borne au borné. Celui qui a fini et veut encore savoir ne risque rien moins qu'une catastrophe.
Celui qui fait le bien sans s'attirer de renom, le mal sans encourir de châtiment et agit en prenant pour norme la voie médiane peut toujours préserver sa personne, garder la vie sauve, nourrir ses parents et aller au terme de son âge. »

(Chapitre III, introït)

« C'est le savoir suprême qui permet de comprendre ce qui ressortit à l'action du Ciel et ce qui ressortit à celle des hommes. Car qui sait ce qui ressortit à l'action du Ciel vit selon [la nature conférée par] le Ciel. Qui sait ce qui ressortit à l'action des hommes alimente ce que le savoir ne peut pas connaître grâce à ce que le savoir peut connaître. Celui-là pourra achever les ans que le Ciel lui aura octroyés sans périr prématurément au beau milieu du chemin. Telle est la perfection en matière de savoir. »

(Chapitre VI, introït)

« Approchez que je vous instruise : cette chose-là [la voie] est illimitée et pourtant tous les hommes considèrent qu'elle a une fin. Cette chose-là est insondable et pourtant tous les hommes considèrent qu'elle a un fond. Celui qui trouve la voie que je propose sera, au mieux, un illustre empereur et deviendra, au pire, un simple roi.
Mais qui s'égare de la voie que je propose en apercevra au mieux la clarté et deviendra au pire une simple motte de glaise. Or, tous les êtres vivants naissent de la glaise et retournent à la glaise. Je vais donc vous quitter et passer la porte de l'illimité pour divaguer dans les champs du sans-fond. Je formerai un trio avec les clartés du soleil et de la lune, je participerai de la constance du ciel et de la terre. À qui s'approchera de moi je semblerai confus, à qui s'éloignera de moi je paraîtrai obscur. Quand tous seront morts, moi seul serai encore vivant ! »

(Chapitre XI, dialogue entre Vaste Perfection et l'Empereur Jaune)

« Un jour que Zhuang zi pêchait à la ligne dans la rivière Pu, le roi de Chu fit envoyer deux hauts dignitaires ; ils s'avancèrent et lui déclarèrent : "Nous souhaiterions vivement que vous assumiez la charge des affaires à l'intérieur de nos frontières."
Zhuang zi ne leva pas les yeux de sa gaule et dit : "J'ai ouï dire qu'il existait à Chu une tortue sacrée morte depuis trois mille ans. Le roi l'a fait envelopper dans un linge et tenir en une malle de bambou qu'il conserve dans la grand-salle de son temple ancestral. Cette tortue-là préférerait-elle être morte et voir rendre les honneurs aux os qu'elle a laissés ou vivante et traîner sa queue dans les sentiers boueux ?"
"Elle préférerait vivre et traîner sa queue aux sentiers boueux", répondirent en chœur les deux grands dignitaires. "Alors, fichez-moi le camp ! J'ai la ferme intention de traîner aussi ma queue dans les sentiers boueux !" »

(Chapitre XVII, dialogue de Zhuang zi et des hauts dignitaires de Chu)

3000 ans d'histoire

VIIIe siècle av. J.-C.
Première compilation du texte du *Yijing* ou *Livre des mutations*, manuel de divination et ouvrage de cosmologie, qui a servi de base au confucianisme et au taoïsme.

531 av. J.-C.
Date présumée de la mort de Lao zi, auteur présumé du *Daode jing*.

479 av. J.-C.
Date présumée de la mort de Confucius qui aurait rendu visite à Lao zi.

350-300 av. J.-C.
Dates présumées de Zhuang zi, Maître Zhuang, auteur du *Zhuang zi*.

221-210 av. J.-C.
Qin Shihuangdi, l'Empereur Jaune, se consacre à sa quête d'immortalité. Le taoïsme est alors connu sous le nom de « voie de Huangdi et Lao zi ».

141-87 av. J.-C.
Règne de l'empereur Wu, dynastie des Han.
Le confucianisme devient religion d'État, les autres écoles de pensée sont interdites.

3 av. J.-C.
Au Shandong, développement du culte populaire de Xiwangmu, divinité féminine suprême, présentée comme le sauveur.

142
Lao zi apparaît à Zhang Daoling.

166
L'empereur Huan (146-167) divinise Lao zi et lui rend un culte.

191-215
Zhang Lu petit-fils de Zhang Daoling établit son « église » à Hanzhong (Sichuan).

424-448
Kou Qianzhi obtient de l'empereur des Wei du Nord de faire du taoïsme la religion d'État en procédant à l'investiture taoïste de chaque nouvel empereur et prescrit de faire des images.

471
Le *Daozang*, premier canon taoïste compilé par Lu Xiujing est présenté à l'empereur Mingdi.

712-756
Règne de l'empereur Xuanzong adepte du taoïsme : il ordonne que des temples soient construits dans toutes les grandes villes de l'empire, le *Daode jing* est enseigné.

748
Commande impériale d'une nouvelle version du canon taoïste.

960-1279
Durant les périodes Song du Nord et Song du Sud, très favorables au taoïsme, naissent plusieurs écoles.

1119
Compilation du premier canon taoïste imprimé.

1159
Création de l'école Quanzhen (école de la Perfection totale) par Wang Zhe, adepte de l'alchimie intérieure. Avec le Zhengyi des Maîtres célestes ce sont les deux principales écoles du taoïsme, toujours en activité aujourd'hui, en Chine et à Taiwan.

1197
Reconnaissance officielle de l'école Quanzhen par la dynastie Jin.

1281
À la suite de polémiques, Khubilai Khan tranche en faveur des bouddhistes et décrète la destruction du canon taoïste.

1368- 1644
Dynastie chinoise des Ming, période de tolérance mutuelle entre les trois courants de pensée, confucéen, taoïste et bouddhiste.

1656
Wang Changyue, abbé du Baiyun Guan (temple taoïste des Nuages Blancs) à Pékin, revivifie l'école Quanzhen.

1742
L'empereur Qianlong, méfiant, rétrograde les officiels taoïstes et leur interdit de participer aux rites dans la capitale et de recruter de nouveaux adeptes.

1849
Destruction des temples taoïstes pendant le soulèvement populaire des Taiping.

1860
Les Alliés (Anglais et Français) entrent à Pékin et détruisent les dernières planches à imprimer du *Daozang*.

1898
Politique de destruction systématique des temples taoïstes menée par l'empereur Guangxu des Qing pendant la réforme des 100 jours.

1912
Les temples taoïstes sont détruits pour créer des écoles.

1919
Le Président de la République, Xu Shichang, décide de reconstituer le *Daozang*.

1926
Le *Daozang* reconstitué est diffusé à toutes les bibliothèques sinologiques dans le monde.

1957
Création de l'Association taoïste.

1966
Pendant la Révolution culturelle (1966-1976), l'Association taoïste est dissoute, les temples sont fermés, de nombreux textes sacrés sont détruits.

1980
Deng Xiao Ping reconstitue l'association qui siège désormais au temple des Nuages Blancs à Pékin.

1990
L'association fonde l'Académie chinoise du taoïsme.

LA VOIE DU TAO, UN AUTRE CHEMIN DE L'ÊTRE

À LIRE

Catherine Delacour et Jacques Giès (dir.), *La Voie du Tao, un autre chemin de l'être* (catalogue de l'exposition, éd. RMN, 2010)

À VOIR

Yves de Peretti, *La Voie du Tao*, DVD coédition RMN/ARTE, 2010.

RÉFÉRENCES BIBLIOGRAPHIQUES DES ARTICLES

Le Lao-Tseu, suivi des quatre canons de l'Empereur Jaune, traduction et commentaires de Jean Lévi, Albin Michel, 2009.

Vincent Goossaert et Caroline Gyss, *Le Taoïsme*, Gallimard, coll. Découvertes, 2010.

Martin Palmer, *Le Taoïsme*, Rivages Poche / Petite Bibliothèque, 1997.

Anne Cheng, *Histoire de la pensée chinoise*, Points Seuil, 2002.

Marcel Granet et Danielle Elisseeff, *La Civilisation chinoise*, Albin Michel, 2000.

François Cheng, *Shitao ou la saveur du monde*, Phébus, 2002.

Tao tö king, Le Livre de la Voie et de la Vertu. Texte chinois établi et traduit avec des notes et une introduction par J.-L.-L. Duyvendak (1889-1954), Paris, Adrien Maisonneuve, 1987.

Le Daode jing, «Classique de la voie et de son efficience». Nouvelles traductions de Rémi Mathieu basées sur les plus récentes découvertes archéologiques (trois versions complètes : Wang Bi, Mawangdui, Guodian), Paris, Éditions Médicis-Entrelacs, 2008.

Les Œuvres de Maître Tchouang. Traduction par Jean Levi, Paris, Éditions de l'Encyclopédie des nuisances, 2006.

Tchouang-tseu. L'Œuvre complète. Traduit du chinois par Liou Kia-hway, dans *Philosophes taoïstes I*, Étiemble éd., Paris, Gallimard, «Bibliothèque de la Pléiade», 1980.

The Complete Works of Chuang Tzu. Traduction par Burton Watson, New York, Columbia University Press, 1968.

Anne-Marie Blondeau, Kristofer Schipper, éd., *Essais sur le rituel III,* Louvain-Paris, Peeters, 1995.

Livia Kohn, éd., *Daoism Handbook,* Leiden, Brill, 2000.

John Lagerwey, *Taoist Ritual in Chinese Society and History,* New York, London, McMillan, 1987.

Jean Levi, *Les Fonctionnaires divins,* Paris, Seuil, 1989.

Claude Lévi-Strauss, *Mythologiques, t. IV : L'Homme nu,* Paris, Plon, 1971.

Isabelle Robinet, *Histoire du taoïsme des origines au XIVᵉ siècle,* Paris, Cerf, 1991.

Kristofer Schipper, *Le Corps taoïste,* Paris, Fayard, 1982.

« Vernacular and Classical Ritual in Taoism », The Journal of Asian Studies, 45, 1 (Nov., 1985).

Franciscus Verellen, éd., *The Taoist Canon, A Historical Companion to the Daozang,* Chicago-London, The University of Chicago Press, 2004.

Frits Staal, *Rules Without Meaning. Ritual, Mantras and the Human Sciences,* New York-Bern-Frankfurt am Main-Paris, Peter Lang, 1989.

INFORMATIONS PRATIQUES

« La Voie du Tao, un autre chemin de l'être »
Exposition du 31 mars au 5 juillet 2010

Galeries nationales du Grand Palais
3, avenue du Général-Eisenhower,
75008 Paris
Tél. : 01 44 13 17 17
www.rmn.fr

Horaires
Tous les jours (sauf le mardi)
de 10h à 20h.
Nocturne le mercredi jusqu'à 22h.
Fermé le 1ᵉʳ mai.

Une publication **BEAUX ARTS / TTM ÉDITIONS**

PRÉSIDENT
Thierry Taittinger
ÉDITEUR
Claude Pommereau
DIRECTEUR ARTISTIQUE
Bernard Borel
DIRECTRICE DES PARTENARIATS
Marion de Flers
CHEF DE PROJET
Laure Violet
RESPONSABLE DIFFUSION
Florence Hanappe
CHEF DE PRODUIT JUNIOR
Charlotte Ullmann

101, Bd Murat, 75016 Paris
Tél. 01 53 84 31 50
Fax 01 53 84 31 99
www.beauxartsmagazine.com
RCS Paris B 435 355 896

RÉSPONSABLE ÉDITORIALE
Séverine Cuzin-Schulte
CONSEILLÈRE SCIENTIFIQUE
Bérénice Geoffroy-Schneiter
CRÉATION GRAPHIQUE Stéphane Argillet
ICONOGRAPHE Julio Lo Borgno
RELECTURE Dominique Vivent

ONT COLLABORÉ À CE HORS-SÉRIE
Bérénice Geoffroy-Schneiter, Danielle Elisseeff, Rémi Mathieu, Pierre-Henry De Bruyn, Alain Arrault et Catherine Despeux

NOUS TENONS À REMERCIER POUR LEUR AIDE PRÉCIEUSE
Catherine Delacour, conservateur au musée Guimet et commissaire de l'exposition, Hélène Lefèvre, chef du service de la communication du musée Guimet, Danielle Elisseeff, Vincent Goossaert, Florence Le Moing et Élodie Vincent de la RMN, ainsi qu'Alexandra Buffet, Florelle Guillaume, Jamila Hebari, Stacey Sherman, Min-Chin Lee, Erin M.A. Schleigh Lewis, Consuelo Crulci, Avelina Sancho, Elizabeth Saluk.

ISBN 978-2-84278-731-8
DÉPÔT LÉGAL mars 2010
PHOTOGRAVURE Key graphic, Paris
IMPRESSION Himmer, Allemagne

DIFFUSION LIBRAIRIES
CLIENTS UD
Flammarion Diffusion
commandesclients@union-distribution.fr
Tél. 01 41 80 20 20
AUTRES LIBRAIRIES
Florence Hanappe
Tél. : 01 53 84 31 86
VENTE PAR CORRESPONDANCE
DIP – Beaux Arts magazine
18/24, quai de la Marne • 75164 Paris
Cedex 19 • 01 44 84 80 38

Dieux des murs et des fossés de toutes les commanderies et dieux du sol de tous les districts (détail)
Époque Ming, vers 1600 rouleau vertical, encre, couleurs et or sur soie, 214 x 103 cm
Musée des arts asiatiques Guimet, Paris
© Rmn / Thierry Ollivier/ presse.